호모커뮤니쿠스

호모 커뮤니쿠스

초판1쇄 인쇄 2013년 2월 15일
초판1쇄 발행 2013년 2월 20일

지은이 강태완·김인영·김은정·남궁은정
펴낸이 조인원
펴낸곳 경희대학교 출판문화원
임프린트 룩스문디

주소 서울특별시 동대문구 경희대로 26(회기동)
전화 02-961-0106~8, 팩스 02-962-8840
설립 1960년 9월 16일 제5-8호
등록 1977년 11월 8일 제6-5호
홈페이지 www.khupress.com
전자우편 press@khu.ac.kr

ISBN 978-89-8222-430-0

룩스문디는 경희대학교 출판문화원에서 펴내는 교양서 임프린트입니다.

HOMO COMMUNICUS

|소통하는 교실|

책을 내면서

이 책은 지난 3년여 동안 필자들이 진행해온 소통에 관한 '시끌벅적한' 강의 기록을 엮은 것이다.

'호모 커뮤니쿠스' 강의는 선생은 앞에서 떠들고, 학생들이 일방통행으로 받아 적는 기존의 '조용한' 강의와는 근본적으로 다르다. 이 강의가 시끌벅적한 이유는 이 수업의 주인이 학생이기 때문이다. 소통에 대해 가르치면서도 지금까지 우리는 학생을 소통의 대상으로만 여겨왔지 소통의 주체로 자리매김하지 못했다. 즉 교육의 엄연한 주체여야 할 학생들이 강의와 소통의 주어가 아닌 목적어로만 대접받아 왔던 것이다. 이러한 일방통행식 교육에서 희생자는 늘 수용적 객체로 전락했던 학생들이었다. 그런데 '호모 커뮤니쿠스'를 통해 학생들이 비로소 진정한 '주어'로서 강의실 내에서 자기 위치를 차지할 기회를 얻게 된 것이다.

학생이 소통과 강의의 주어로서 자리 잡게 됨에 따라 '호모 커뮤니쿠스' 과목은 출발은 있되 그 끝이 어디로 갈지 아무도 모르는 늘 열려 있는 강좌가 되었다. 이 과목의 선생이 하는 역할이란 전체 일정에 따라 무슨 프로그램을 언제 진행하겠다는 전반적인 틀을 짜는 것에 불과하다. 선생은 이른바 강의의 촉진자facilitator의 역할을 맡는다. 그러면 프로그램의 실제적인 진행은 능동적이고 주체적으로 참여하는 학생들의 몫이 되는 것이다. 이를 '구성주의적' 교육방법이라고 부른다.

『호모 커뮤니쿠스: 소통하는 교실』은 한 학기 16주 강의를 전제로 하여 5단계 소통교육 모델로 구성되어 있다. 하지만 구성에 따라 단기 2주 교육 혹은 2박 3일 워크숍 등 다양한 프로그램 변주가 가능하다. 이 책에서 제시하는 교육의 핵심적인 구성만을 간략하게 소개하면 다음과 같다.

먼저 제1단계는 메타 커뮤니케이션이다. 즉 소통과 커뮤니케이션에 대해 생각해보고 성찰해보는 입문의 시간을 갖는다. 이를 통해 소통하는 인간에 대한 기본적인 이해를 접하게 된다.

다음 제2단계는 자아 커뮤니케이션이다. 소통의 출발점이자 호모 커뮤니쿠스의 주체로서 자신을 되돌아 보는 성찰의 기회를 얻게 된다. 타인과의 소통을 잘하기 위한 첫걸음은 자신을 정확하게 알게 될 때 비로소 가능하기 때문이다.

제3단계는 갈등 커뮤니케이션이다. 나와 같지 않기 때문에 타인과의 관계는 늘 불편하다. 인간관계에서 갈등은 상수常數라는 것이다. 소통을 잘하는 호모 커뮤니쿠스란 바로 대인과의 갈등을 현명하게 풀어나가는 인간이라는 말과 같다. 갈등에 잘 대처하는 솔루션을 익히는 단계이다.

다음 제4단계는 스피치 커뮤니케이션이다. 소통능력을 향상하기 위한 단계로서 효과적인 메시지 전달을 위한 다양한 방법을 배우고 익힌다. 전통적으로 '소통교육'하면 흔히 스피치 교육을 떠올릴 정도로 커뮤니케이션 교육에서는 핵심파트이지만, 이 스킬만을 익히면 일방적인 전달자가 될 위험도 크다. 선전이나 선동과 같은 왜곡된 소통의 사례들이 모두 이 단계만을 스킬 중심으로 배우게 되었을 때 나타날 수 있는 위험한 결과들이다.

마지막으로 제5단계는 사회 커뮤니케이션이다. 메타 커뮤니케이션에서 자아를 거쳐 갈등과 스피치 역량까지 모두 배운 후에 이를 총체적으로 활용하고 응용하는 단계인 셈이다. 특히 토론, 협상, 회의와 같은 우리 사회에서 매일 벌어지는 소통의 장에 뛰어들어 소통을 잘할 수 있는 인간이 되기 위한 훈련을 하게 된다.

이 5단계의 소통교육을 거치게 되면 비로소 소통 전체에 대한 안목과 역량이 커지게 됨은 물론 타인과 공감하는 소통, 타인을 배려하는 대화, 갈등을 슬기롭게 풀어나가는 역량을 키울 수 있게 되는 것이다. 이 책은 이러한 교육을 학생 스스로 능동적으로 수행해 나갈 수 있게 하는 안내자이자 매뉴얼이다.

학생들이 강의의 주체로서 선생과 동등한 역할을 맡게 되면 강의에 대한 책임감도 커질 수밖에 없다. '소통 약속 만들기'라는 워크숍을 마치고 나서 한 학생이 이 프로그램에 대한 소감을 이렇게 말하고 있다.

"지금까지 우리는 규칙이란 것이 우리를 얽매이게 하고, 옭아매는 것으로만 알았다. 그런데 소통 약속을 통해 나는 서로 관계를 편안하게 만들고, 소통을 촉진할 수 있는 규칙이 이 세상에 존재한다는 것을 새삼 깨달았다."

'규칙'을 이렇게 주체적이고 창의적으로 해석해 내다니. 이 프로그램을 준비한 필자들조차도 전혀 기대하지 않았던, 아니 생각하지 못했던 깨달음이 아닐 수 없었다. 이처럼 강의 내내 필자들은 예상하지 못한 학생들의 기발한 반응이나 창의적인 문제해결 능력을 접하면서 놀란 적이 한두 번이 아니었다.

'호모 커뮤니쿠스' 강의에서 학생들은 머리가 아닌 몸을 쓴다. 근대 교육의 공간에서 머리와 몸은 분리되고, 몸을 활용한 공부는 금기사항이 되고 만다. 머리에만 의존하여 외부세계와 단절된 공부—그 극단적인 형태가 바로 칸막이로 옆의 짝꿍 답안을 못 보게 하는 '일제고사' 형태의 MB식 공부이다. 이러한 공부는 개인주의적인 학습능력만을 평가의 대상으로 삼기 때문에, 교실 안에서 매일 비비면서 지내는 친구들을 밟고 이겨야 하는 경쟁상대로 만들고 만다. 머리로 하는 공부는 피라미드의 사다리와 같은 경쟁사회의 먹이사슬 구조를 교실공간에 고스란히 재현하는 데 성공한 것이다.

반면 몸을 활용한 대표적인 공부 방법은 구술 즉 커뮤니케이션이다. 고미숙의 말을 인용하면 '구술능력이란 단순한 말솜씨가 아니라 삶과 인간, 세상에 대한 깊은 통찰의 표현이다.' 구술하면서 문제를 풀어나가다 보면, 말하기 전에는 막막했던 해답이 저절로 실타래 풀리듯이 말과 동시에 해결되어나가는 경험을 하게 된다. 말이 행위의 반영이거나, 거꾸로 말이 행위에 앞서는 '비동시성의 경험'이 아니라, 말과 행위가 찰떡궁합처럼 맞붙어서 동시다발의 쌍으로 앞서거니 뒤서거니 하는 경험—이를 화행이론speech act에서는 말의 '선언적 힘'이라고 한다. 교실에서 펼쳐지는 구술을 활용한 소통과정은 말이 구현할 수 있는 가장 독특한 수행력을 우리 눈앞에 생생하게 보여준다.

구술하려면 몸짓이나 호흡, 보디랭귀지 등이 무엇보다도 중요하다. 이 점에서 구술은 곧 몸을 쓰는 것이다. 몸을 쓴다는 것은 타인과의 상호작용을 전제로 한다. 구술하려면 내 앞에 동료가 파트너가 되어주어야 한다. 누군가 내 말의 파트너가 되어 준다는 것, 내 말을 들어주는 누군가가 존재한다는 것, 그리고 대화를 통해 서로에 대해 좀 더 깊게 다가갈 수 있다는 것, 이 모든 과정이 바로 나와 타인을 연계시켜주는 공동체의 기반이 되는 것이다. 서로 경쟁하면 개인도 희생되고 사회도 더디게 커질 수 있지만, 서로 상생하면 개인의 개성은 개성대로 살아날 뿐만 아니라, 더불어 사는 공동체의 시너지효과도 극대화된다. 몸을 쓰는 소통을 통해 우리는 교실이 이 같은 공동체 공간으로 진화하는 놀라움 경험을 하게 되는 것이다.

이 책은 이처럼 지금까지 필자들이 강의실을 실험공간으로 삼아 펼쳐왔던 다양한 소통 프로그램의 테스트 결과물이자 기록인 셈이다. 필자들이 이 책을 펴낸 이유는 이 땅에 소통하는 인간, 즉 호모 커뮤니쿠스가 많아졌으면 하는 소박한 바람 때문이다. 대학이나 학교의 교실에서, 기업의 워크숍에서, 공공기관의 의사결정에서 이 책 '호모 커뮤니쿠스'는 우리의 소통하는 능력을 제고시켜줄 가장 구체적인 '지도' 역할을 해주리라 기대한다.

이 같은 다양한 교육의 공간뿐 아니라 자신의 소통 역량을 키우고 싶은 순수한 개인 독자 역시 이 프로그램이 제시한 문제의식과 방법들을 따라가다 보면 어느덧 이전의 자신과 달라진 자기를 발견할 수 있으리라 본다. 이 책이 불통의 병을 앓는 우리 사회 구석구석을 치유해주는 도구이자 처방전이 되었으면 하고 바라본다. 이 책이 나오기까지 많은 도움을 주신 여러분에게 지면을 빌어 감사의 말을 전한다.

이 책의 제일 저자는 무엇보다도 지난 3년여 동안 필자들의 강의인 '호모 커뮤니쿠스', '수사학', '갈등 커뮤니케이션론' 등을 수강한 경희대학교의 학생들이다. 책 구석구석에 이들이 강의를 들으면서 남긴 풍부한 평가와 날카로운 코멘트가 담겨 있다. 특히 활동 진행과 기록 정리에 참여해준 강신재, 임선하, 윤인정, 하차영, 권민경에게 고마움을 전한다. 아울러 필자의 어설픈 생각을 의심 한 번 하지 않고 묵묵히 믿고 지지해준 이 책의 공동필자들인 '공감마루' 식구들에게도 늘 큰 힘이 되고 있다는 감사의 마음을 전한다. 이 책의 기획의도를 적극 지지하고 후원을 아끼지 않은 경희대학교 출판문화원 유영학 원장님과 김인현 편집장님께도 고맙다는 말씀 올린다. 이제 이 책을 통해 '호모 커뮤니쿠스' 즉 소통하는 인간에 대한 고민과 모색의 첫걸음을 내디뎠다. 앞으로 나오게 될 후속 작업과 그 결과에도 독자 여러분의 많은 관심과 격려를 바란다.

2013년 1월 필자들을 대표하여
강태완

놀아도 놀아도 후회되지 않아!

대학생들은 한 학기를 마치고 방학이 되면 학교를 떠나 '무언가'를 한다. 나는 그 '무언가'를 크게 두 가지 범주로 나눌 수 있다고 본다. '노는 것'과 '놀지 않는 것'으로. 노는 것이 나쁜 것은 아니다. 학업에 치여 지친 심신을 달래는 것에는 노는 것만큼 좋은 방법이 있을 수 없다. 그러나 대부분의 학생들은 아르바이트며 취업을 위한 공부며 봉사활동이나 흔히 말하는 대외활동이라는 것들까지, 아마도 '놀지 않는 것'을 하려고 방학을 보낼 것이다.

'호모 커뮤니쿠스' 워크숍에 참여했던 당시 방학 중 그 2주를 떠올리면, 내가 했던 '무언가'는 당연히 '놀지 않는 것'이 아니라 '노는 것'이었다. 다시 생각해 보아도 정말 신나게 놀았던 것 같다. 그런데 이렇게 놀고 나면 그 뒤에는 꼭 후회가 뒤따른다. 그럼 내가 이 워크숍에 참여했던 것을 후회하느냐? 답을 미리 말하자면 '절대로' 아니다.

사실 이때 뭘 했는가 하면 그냥 '말'을 하면서 놀았던 것인데, 이 '말'이라는 것이 참 쉬우면서도 어려운 것이라는 생각이 든다. '한마디 말로 천 냥 빚 갚는다'

'발 없는 말이 천 리 간다' 등 말의 힘을 나타내는 속담부터 시작해서 18세기 헤르더에 의해 발전한 '언어가 사고를 지배한다'는 철학적 발상까지. 자세히 아는 부분이 아니라 더 이야기하기가 내키지는 않지만 어쨌든 '말'이라는 것의 중요성과 위력을 새삼스럽게 느끼게 된다.

그런데 그렇게 중요하면서도 위력적인 '말'을 가지고 놀았다고 하면 그게 무슨 소리인가 할 것이다. 엄밀히 따져 내가 그때 했던 활동들은 '소통'이라는 부분에 대한 연구의 일환이었거나, 아무튼 학문적으로 연계된 아주 심도 있는 활동이었을지 모른다. 물론 나를 비롯한 20여 명의 참가 학생들은 그 연구의 피실험자쯤 되었을 것이다. 하지만 우리가 2주 동안 했던 그 활동들을 연구, 실험 등의 이름을 붙여 어렵고 난해하게 생각했던 학생들은 장담컨대 한 명도 없다. 우리는 그저 웃고 떠들면서 스스로 '말'과 '소통'에 대한 답을 찾았고, 나름의 발전 방향마저도 역시 웃고 떠들면서 제시했다.

'호모 커뮤니쿠스'에 참여하게 된 것이 개인적으로 "완벽했다."라고 말할 수 있을 만큼 만족스러웠다. 내가 이렇게 말할 수 있는 이유를 나열해 보겠다.

첫 번째로는 앞서 말했듯이 2주 동안 하루도 빠짐없이 즐겁게 웃고 떠들며 친구를 만들었다는 것이다. 이것저것 자격증 공부하랴 대외활동도 해야 하고 아르바이트도 해야 하는 요즘의 대학생들이 2주 만에 평생 잊지 못할 친구들과 더불어 추억을 만들기란 쉬운 일이 아닐 것이다. 그것만으로도 완벽한데 또 다른 이유가 여러 가지 있다.

두 번째로는 '상대방과의 대화'라는 부분인데, 나뿐만 아니라 그 누가 한마디 말에 매번 신중에 신중을 거듭하겠는가. 입에서 소리를 뱉어내면 그게 곧 말이 되기 때문에 말이 가지는 의미는 나에게 매우 가벼울 뿐이었다. 게다가 조금 다혈질적인 성격까지 가진 까닭에 상대방에 대한 배려가 부족했던 적도 많았고 그것은 또 부메랑처럼 돌아와 고스란히 나에게 상처를 입히고는 했다. 모르고 지냈던, 아니 어쩌면 알면서도 어쩔 수 없었던 이 치명적인 단점이 '호모 커뮤니쿠스' 워크숍에서 '갈등'을 다뤘던 단 이틀을 통해 상당 부분 치유가 되었다면 믿기 어려울 수 있다. 나도 믿기지가 않는 부분이니까. 그런데 '호모 커뮤니쿠스' 참여 이후로 '너 참 착해졌다', '변했다'라는 말을 부쩍 많이 듣게 되었다. 말을 하다 보면 기본적인 자세가 달라지고, 적어도 한 번쯤은 상대방의 기분을 배려하게 되었다고 스스로 느끼고 있다. 아마도 그런 변화가 생전 들어본 적이 없는 '착해졌다'는 말을 듣게 하여준 것이 아닐까 생각한다.

많은 사람 앞에서 자연스럽게 스피치를 하는 법. 상대방의 이야기에 경청하는 법. 갈등 상황을 잘 극복해 내는 법 등 어떻게 이론화하기도, 체계화하기도 힘들 수 있는 부분들을 스스로 몸으로 체득해 가며 배운 것도 큰 수확이었다. 어디 가서 돈을 주고 배워도 이렇게 짧은 시간 동안 효과적으로 배울 수 있으리라 생각하지 않는다. 돈을 주고 배울 수는 있어도, 무조건적인 주입식 교육보다는 직접 기획하고 참여하는 것, 다시 말해 놀면서 했다는 것에 큰 의미가 있다고 생각한다.

마지막으로 '놀면서' 했다는 것을 자꾸 강조하게 되는 이유를 들고 싶다. 내가 이 '호모 커뮤니쿠스'를 학교에서 하는 워크숍이라는 생각에 '놀지 않는 것'의 범주로 구분 지어 참여했더라면 이것을 마친 뒤 지금과 같은 생각을 하고 있지 않았을 것 같다는 생각에서이다. 놀면서 했다는 것은 그만큼 편하게 임했다는 것인데, 편하게 생각했기 때문에 마음을 더 쉽게 열 수 있었고, 그만큼 구성원들과 소통에 장애가 없을 수 있었다. 앞에서 나는 내뱉는 말 한마디에 대한 신중함의 부족과 더불어 다혈질적인 성격 탓에 가끔 상대방과의 소통에 어려움을 느꼈었다고 고백했다. 그런데 같이 참여했던 학생들이 나의 이런 모습을 기분 나쁜 지적 없이 느끼게 해 준 것이다. 웃고 떠드는 와중에도 진정성을 가지고 마음을 열어 소통한 결과는 상대방에 대한 깊은 이해와 더불어, 상대방을 통해 알게 된, 바로 나 자신의 모습이었다. 놀면서 했던 '호모 커뮤니쿠스'가, 아직도 미처 깨닫지 못했던 내 자아를 일깨워 주었다고 당당하게 말할 수 있다. 함께 한 다른 학생들 모두 아마도 나와 같지 않을까 생각한다.

강신재 경희대 언론정보학부 3

차례

1

이 시대
새로운 소통이 필요한 이유

01 소통이 강조될수록 불통이 심화되는 시대

인간의 사회적 행위를 이론적으로 체계화하려는 노력을 기울인 하버마스Jurgen Habermas는 인간행동의 유형을 크게 전략적 행위와 의사소통 행위로 구분한 바 있다. 이때 의사소통 행위란 서로 간의 소통을 통해 상호 이해의 폭을 넓히고 다지는 인간의 모든 노력을 말한다. '호모 커뮤니쿠스Homo Communicus'가 지향하는 최고의 목표이자 이상이라고 할 수 있다.

하버마스

독일의 철학자, 사회학자, 심리학자, 언론인. 비판이론과 실증주의, 북미 실용주의 분야를 연구한 사회학자로 유명하다. 현대 사회 제도 안에서, 또한 이성적인 관심사를 쫓고 그것에 대해 토론할 수 있는 인간의 수용능력 안에서 이루어질 수 있는 이성적이고 비평적인 커뮤니케이션의 잠재력과 이성, 정치적 해방에 대해 밝혀내는 것이 하버마스의 이론적 체계이다.

반면 전략적 차원에서 인간은 동원 가능한 모든 수단을 활용하여 목적하는 바를 얻으려고 노력한다. 인간이 추구하는 목적은 정치적인 권력이 될 수도 있고, 경제적인 성공이나 부가 될 수도 있다. 일상적으로는 고시를 통해 입신양명立身揚名을 꿈꾸는 것도 그 하나이고, 좋아하는 여자를 '꼬시려는' 눈물겨운 노력도 이에 포함될 수 있다.

이해지향적인 의사소통 행위가 우리의 이상이라고 해서 목적지향

호모 커뮤니쿠스

휴대전화에 빠진 신인류라는 뜻으로 만들어진 신조어. 소통도 놀이도 자기표현도 휴대전화로 이루어지는 세대를 아우르는 말로 쓰였으나 이후 소통하는 인간, 공유하는 인간 등을 나타내는 말로 확대되었다.

적인 모든 전략적 행위를 깎아내려서는 안된다. 전략적 행위 없이 오늘날 인류가 누리는 과학과 문명 그리고 발전은 불가능했을 것이기 때문이다. 하버마스 역시 문제 삼은 지점은 전체 전략적 행위 가운데 일부인 '은폐된' 전략적 행위만이다.

정치적, 경제적으로 부도난 소통

은폐된 전략적 행위란 이를테면 다음과 같은 상황을 말한다.

우리는 상대를 순수한 소통의 대상으로 삼고 관계를 터 나가고자 했다. 그러나 상대는 자신의 목적을 숨기고, 자신의 전략을 달성하기 위한 도구의 하나로 우리를 활용하려 한다. 바로 이때 소통의 벽이 생기고, 서로의 상호작용 행위에 불일치가 발생하는 것이다.

2008년 11월 이명박 전 대통령은 워싱턴 특파원들과의 간담회에서 한 특파원에게 '미국이 자동차 산업 때문에 한-미 자유무역협정FTA: free trade agreement 재협상을 요구하면 어떻게 대응하겠느냐?'라는 질문을 받는다. 그때 이명박 전 대통령은 다음과 같은 말을 했다고 한다.

> "선거 때 무슨 얘기를 못하나. 그렇지 않은가. 표가 나온다면 뭐든 얘기하는 것 아닌가. 세계 어느 나라든지."

오바마 대통령의 정치적 입장을 옹호하려는 의도에서 꺼낸 이 발언에서 드러난 것은 이명박 전 대통령의 소통에 대한 인식이었다. 선거에서 집권이라는 '목적'을 달성하려면 모든 정치적인 발언은 한갓 목적을 달성하기 위한 '도구'이자 소통의 장식물에 불과하다. 은폐된 전략적 행위는 이 점에서 '부도난' 소통인 셈이다.

소비자와의 소통을 강조하는 기업에도 이와 유사한 상황들이 벌어지고 있다. 최근 우리나라에서 한 파워블로거power blogger가 공동구매를 주선하는 과정에서 기업으로부터 거액의 수수료를 받은 소동 역시 이 연장 선상에 놓여 있다.

블로그가 수익 수단이 되는 게 옳지 않다는 것이 아니다. 네티즌에게 가지는 신뢰도와 영향력을 기반으로 블로거가 '소통'하는 상황에서, 기업으로부터 받은 후원관계를 밝히지 않는 '불투명한 도구적' 소통이 문제가 되는 것이다.

한 월간지가 조사한 국내 10대 기업의 SNS상 민심조사텍스트마이닝한 결과에 따르면 삼성그룹 이건희 회장은 '소통을 모른다.'라는 부정적 인식이 네티즌 사이에 강하게 자리 잡은 것으로 나타났다.〈신동아〉 2011년 7월호

'불통'하는 기업인의 이미지는 다른 기업가도 대동소이한 것으로 밝혀져 기업이 생각하는 소통과 소비자의 인식 사이에 현저한 차이가 있는 것을 알 수 있다.

파워블로거

포털업체 등에서 방문자 수, 스크랩 수, 댓글 수 등이 높은 블로그를 운영하는 운영자. 포털업체들은 2003년부터 글 게재횟수와 내용, 방문자 수, 댓글 수 등에 집계를 내고 우수한 운영자들을 골라 파워블로거로 지정해오고 있다. 이들의 인기는 상품판매로 이어지면서 기업에 막강한 영향력을 행사했다. 2011년 이들 중 일부가 제품소개를 빌미로 기업에 수수료를 요구하면서 논란이 되기도 했다.

민심조사

규칙이나 형태가 없는 텍스트 데이터들 속에서 가치와 의미가 있는 정보를 찾아내는 기술을 일컫는 말. 방대한 정보 뭉치에서 의미 있는 정보를 추출해낼 뿐 아니라 그것을 통해 다른 정보와 연계성을 파악하고 숨겨진 정보나 결과물들을 얻어낸다.

소통이 강조될수록 불통이 심화하는 역설과 그 이유

이러한 현상들은 소통이 도구가 될 것인가, 아니면 그 자체를 목적으로 할 것인가에 따라 나타나는 현상이다. 나아가 여기에는 보이지 않는 소통의 권력적 관계가 이면에 깔렸다. 말할 수 있는 권리를 얻는다는 것은 그에 상응하는 역할과 지위가 부여되었을 때 가능한 일이기 때문이다. 소통은 말할 권리를 확보함과 동시에 말할 힘이 있을 때 가능하다.

명박산성

2008년 6월 10일, 6.10 민주화 항쟁 21주년을 맞아 서울 도심에서 100만 촛불 대행진 행사가 치러졌다. 이 행사는 한미 쇠고기 협상 내용에 대해 반대한다는 의미가 더해지면서 열기가 뜨거웠다. 경찰은 이들이 청와대로 진출할지도 모른다는 생각에 컨테이너로 바리케이드를 치고 시위대의 광화문 진출을 저지했다. 이 일은 누리꾼들의 입방아에 오르내렸고, 언론이 이를 인용하면서 정부와 국민 사이에 불통의 아이콘으로 사용되기 시작했다.

일례로 과거 이명박 정부가 자신들의 정책을 알리기 위한 홍보수단으로 '라디오 대화'를 시작했을 때도 명분은 '국민과의 소통'이었다. 그러나 청와대가 이 같은 '소통' 수단을 확보하고 활용할 수 있었던 것은 집권세력으로서 '말할 자격이 있는' 소통권력을 지니고 있었기 때문이다. 따라서 권력의 입장에서 소통이란 '말하고 싶은 것만 말하고, 말하기 싫은 것은 회피하기 위한' 장치의 다른 표현이다. 이러한 전제하에 이루어지는 '소통'이란 늘 소통의 진정한 주인인 국민을 객체화시키고 대상화시키는 소외된 행위에 지나지 않는다.

이런 상황에서 소통을 강조할수록 불통이 현저해지는 역설이 나타나는 것이다. 그 이유는 두 가지로 나타난다.

첫째는 소통을 강조하는 측에서 이해지향적인 소통과 목적지향적인 소통을 구분하지 않고 혼용해서 이야기하고 있기 때문이다. 특히 (정치적이거나 경제적인) 권력을 가진 세력이 자신의 목적을 숨긴 상태에서 이해지향적인 시민을 대상으로 일방향적인 소통을 강제하게 될 때 소통은 한갓 '선전'이나 '기만'의 도구로 전락하게 되는 것이다.

둘째는 발화주체와 발화객체의 역할이 늘 제한되어 있어서 말할 수 있는 자와 들을 수 밖 없는 자 사이의 신분적 구별이 고착되어 나타나기 때문이다. 그 결과 권력과 자본을 가진 사람들만 자신의 목적과 의도를 손쉽게 소통할 수 있을 뿐, 이도 저도 아닌 보통의 시민은 늘 소통의 장에서 소외된다. 우리가 겪는 현시대의 소통 몸살은 커뮤니케이션의 목적어로 전락한 보통 사람들이 앓고 있는 '불통 병'인 셈이다.

이 같은 문제의식에 의하면 결국 소통의 문제는 '어떻게 보통 사람들이 소통의 목적어가 아닌 주어의 자리를 차지할 수 있을 것인가?'로 귀결된다. 이들에게 말할 수 있는 권리를 부여함과 동시에 나아가 '어떻게 하면 이들의 말이 들릴 수 있게 만들 것인가?'라는 문제 역시 같이 풀어야 할 숙제가 아닐 수 없다. 이를 위해서는 누구나 원하면 발화자의 자리에 설 수 있어야 하고, 그들이 전하고자 하는 메시지가 사회적으로 소통되어야 한다. 얼핏 이상적으로만 보이는 기능적인 소통의 순환은 우리 사회 전체가 민주적으로 성숙해 나가려면 불가피하게 풀어야 할 구조적인 문제이자 과제인 셈이다.

02 대화하는 소통 모델

아메리칸 소통 모델 vs 유러피언 소통 모델

우리 사회의 소통 문제에 대한 가시적인 해답을 모색하는 과정에서 우리는 크게 두 개의 모델을 놓고 고민하게 된다. 이를 아메리칸 소통 모델과 유러피언 소통 모델이라고 부른다.

스피치 모델

웅변술의 대가. 많은 사람을 상대로 자기의 주장과 주의를 전달하는 방식의 선례를 제공하는 사람.
의회제도와 정치가 발달하면서 자연스럽게 정치 연설이 주목을 받았고, 그 과정에서 스피치 모델은 힘을 얻었다. 대중들을 휘어잡는 오바마의 연설 등이 세상 사람들의 주목을 받는 것 역시 스피치의 힘이다.

아메리칸 소통 모델은 이른바 스피치 모델speech model이다. 오바마 미국 대통령이 '변화'를 화두로 하여 전 세계 청중을 능수능란하게 휘어잡는 선거연설 장면이나 말더듬이라는 콤플렉스를 극복하고 국민 앞에 감동적인 연설을 하는 영국 국왕, 조지 6세를 그린 영화 '킹스 스피치The King's Speech'의 한 장면을 떠올릴 수 있을 것이다.

반면 유러피언 소통 모델은 대화와 토론 모델이다. 현직 기자들이 수상과 같은 최고 권력자들을 불러놓고 장시간 치열한 공방을 벌이는 장면이 매일 펼쳐지는 곳이 유럽의 미디어 현장이다. 독일은 21세기를 향한 새로운 국가의 정체성을 '다양성과 토론'으로 정하면서 '토론'을 국가 브랜드로까지 자리매김하고자 했다글로벌 브랜드로서의 독일 토론, 1999.

물리적 통일을 이룬 독일의 처지에서 동서독의 '다양한' 경험을 녹이면서 이를 국제 사회의 모델로 발전시키려면 '토론'만큼 매력적인 글로벌 브랜드가 없다는 것이다.

미국식 스피치가 개인의 소통능력에 초점을 맞춘 개인주의적 소통 모델이라면, 유럽식 토론 모델은 대화를 기반으로 하는 공동체 지향적인 모델이라고 할 수 있을 것이다. 따라서 전달능력이 탁월한 '선택받은 능력자'를 양성하기 위한 발전 모델로서는 스피치 교육이 적절하지만, 한 사회 내에서 더불어 살아가는 사람들에 대한 관심과 상호작용에 초점을 두기에는 대화와 토론 모델이 더 적합한 것이다. 이 두 모델 모두 각각의 장단점이 있기 때문에 이 두 모델의 장점을 극대화하고, 단점들을 상호 보완한다면 가장 이상적인 소통 모델에 다가서게 되리라 기대할 수 있다.

킹스 스피치

말을 더듬는 장애가 있었던 조지 6세가 왕이 되면서 겪어야 했던 연설에 대한 두려움 극복기. 왕위 계승 1순위였던 형의 부재로 갑작스럽게 왕위를 물려받고 나서, 국민 앞에서 연설해야 했던 그가 말을 더듬는 증상을 치료하기 위해 언어치료사를 불러들이면서 겪게 되는 감동적인 이야기가 실화를 바탕으로 그려진다.

대화와 토론에 기반을 둔 상호지향적인 소통 모델

문제는 우리 사회와 교육의 현장에서 '소통'을 이야기할 때 대개 하나의 모델 즉 스피치 모델만을 염두에 두고 있다는 점 때문에 발생하는 오해와 단견들이다. 앞서 살펴보았던 도구적 소통이나 일방향적인 소통의 문제들도 대개 스피치 중심의 소통 모델에 기반을 두었을 때 나타날 수 있는 상황적인 폐해라 할 수 있다. 왜냐하면 스피치 상황은 전달받은 메시지를 점검할 시간적인 여유가 없을 뿐만 아니라, 정서적인 소구가 강하기 때문에 전달된 내용을 성찰하기가 쉽지 않기 때문이다.

우리 사회가 미국식 소통에만 주목하는 편중현상은 대학교육의 현장에서도 한결같이 나타나고 있다. 개인의 능력과 그 차별화에 초점을 맞춘 우리 교육계의 이념에 비추어 보다 적합한 소통 모델이 바로 스피치와 같은 개인 커뮤니케이션 능력 교육이기 때문이다.

이 같은 소통교육의 현실 속에서 필자는 개인의 소통능력 고양 중심에서 한 발짝 더 나아가 대화와 토론에 기반을 둔 상호지향적인 소통 모델로 나가야 한다는 생각을 하게 되었다. 자기가 딛고 서 있는 사회의 공동체 정신을 구현하려는 전제하에서, 누구나 자신있게 자신의 의사를 표현할 수 있는 능력을 갖추는 일, 이것이 바로 '호모 커뮤니쿠스'가 꿈꾸는 이상적인 소통 모델이자 지향점인 셈이다.

하버마스가 꿈꾸었던 이상적 발화의 모델 역시 바로 이 양대 소통 모델을 융합시켰을 때 구현될 수 있으리라 본다. 이는 자기 과시적인 소통 모델아메리칸 드림에다가 더불어 같이 살아가는 소통 모델유러피언 드림을 접목하려는 기획이라고 볼 수 있다.

03 소통교육과 호모 커뮤니쿠스의 핵심역량

"교육현장에서 그리고 사회 내 다른 어느 곳에서도 이해로 충만한 커뮤니케이션은 사회적인 결속을 키우고 민주적인 행위를 장려하는 하나의 예술이다. 학생에게 말하고 듣기를 가르치고, 논증하고 토론하는 능력을 키워주는 사람은 가장 최고의 의미에서 민주적인 공동체를 육성하는 사람이다." 『Kommunikationstraining』, Heinz Klipper, 2004

위의 인용을 통해 우리는 소통하는 인간호모 커뮤니쿠스을 키우는 교육의 목적이 단순하게 커뮤니케이션 스킬을 가르치는 기술적인 전달이 아니라, 한 사회의 민주적 역량과 공동체성의 회복을 위한 가장 중요한 핵심역량이자 예술의 차원으로까지 승화시키려는 의지를 읽을 수 있다.

소통교육의 의의를 이렇게 거창하게 확대하여 해석하는 것이 결코 지나친 것이 아니라는 사실을 우리는 OECDOrganization for Economic Cooperation and Development 12개 국가의 '핵심역량 프로젝트'에서도

OECD

경제협력개발기구(經濟協力開發機構)의 영문 머리글자를 딴 줄임말. 경제성장, 개발도상국 원조, 무역의 확대 등을 목적으로 만들어진 국제기구로 경제정책의 조정, 무역문제의 검토, 산업정책의 검토, 환경문제, 개발도상국의 원조문제 등의 일을 한다. 대한민국은 1996년 12월 12일 회원국으로 가입했다.

DeSeCo

OECD가 정의한 '미래사회에 개인이 반드시 갖춰야 하는 3대 핵심역량 범주'를 이르는 말. '지적도구 활용(Use tools interactively)', '사회적 상호작용(Interact in heterogeneous groups)', '자율적 행동(Act autonomously)'이 여기에 해당한다.

읽을 수 있다〈DeSeCo 프로젝트〉, OECD, 2003. OECD DeSeCoDefinition and Selection of Competencies라고 불리는 이 프로젝트에는 1997년부터 12개 국가의 교육학자, 사회학자, 측정 전문가, 철학자, 인류학자, 심리학자, 경제학자, 역사학자, 통계학자, 정책입안자, 기업가 등이 참가하여 미래 인재의 핵심역량을 정의하고 선택하는 작업을 진행하였다. 그 결과 다음 세 가지 역량을 가장 핵심적인 미래 인재의 역량이라고 판단하고 있다.

이 세 가지 범주의 핵심역량에 대해 좀더 자세히 들여다보자.

범주 1 도구의 상호작용적 이용
언어나 상징, 텍스트를 상호작용적으로 사용할 수 있는 능력
지식과 정보를 상호작용적으로 사용할 수 있는 능력
기술을 상호작용적으로 사용할 수 있는 능력

범주 2 이질적인 집단 내에서의 상호작용
다른 사람들과 좋은 관계를 맺는 능력
협동할 수 있는 능력
갈등을 관리하고 해결하는 능력

범주 3 자율적으로 행동하기
큰 그림 안에서 행동할 수 있는 능력
생애 계획에 따라 개인적인 목표를 만들고 수행할 수 있는 능력
권리와 흥미, 한계와 필요를 주장할 수 있는 능력

첫 번째 범주 '도구의 상호작용적 이용'은 고전적인 관점에서 소통을 의미하는 내용으로 구성되어 있다. 다만 인간이 사용하는 도구

의 범주에 언어나 상징뿐만 아니라 도구도 망라하고 있다는 점이 주목할만하다. SNS와 같은 Social Media가 발달한 현재 상황에 비추어 볼 때 적절한 정의라고 생각된다.

두 번째 범주 '이질적인 집단 내에서의 상호작용'은 첫 번째 범주와 비교하여 유러피언 스타일의 대화와 토론 능력으로 해석할 수 있다. 다원적인 사회 내에서 상호 우호적인 소통 관계를 형성하고, 공통된 이해관계를 향해 협동해 나가면서, 서로의 입장이 달라지는 영역들을 현명하게 관리하고, 갈등을 해결하는 능력이야말로 미래 사회의 인재들에게 요구되는 핵심역량이라 해도 과언이 아닐 것이다.

마지막 범주 '자율적으로 행동하기'는 창의적인 문제해결 능력을 말한다. 이른바 '자기 주도 학습'을 통해 스스로 문제를 찾아보고, 토론해보며, 궁금한 것을 팀 작업 등을 통해 지속적으로 탐구하는 '구성주의'적인 학습원리가 바로 이 같은 창의적인 인재육성의 핵심 키워드이다.

이 세 가지 범주의 핵심 역량을 키우고 육성해나가는 데 있어서 소통중심의 커뮤니케이션은 DeSeCo 프로젝트의 알파이자 오메가인 셈이다. 소통하는 인간 즉 호모 커뮤니쿠스 역시 이 세 가지 핵심역량을 갖춘 미래형 인간을 가리키는 말이다.

그렇다면 과연 이 같은 핵심역량이 우리가 바라는 미래사회를 열어나가는 데 있어서 어떤 도움이 된다는 말인가? 이 질문에 대한 대답의 하나로 우리는 독일의 자동차 회사 폭스바겐 AG 그룹을 주목할 필요가 있다. 가까운 과거로 되돌아가서 약 20여 년 전에

폭스바겐
1937년에 설립된 독일의 자동차 제조 회사. 부자들의 전유물이었던 자동차를 누구나 탈 수 있는 대중적인 차로 만들겠다는 히틀러의 의지로 만들어졌다. 하지만 초기에는 군수물자 생산에 투입되면서 제 역할을 못하다가 아우디의 전신인 아우토유니온을 인수하면서 세계적인 자동차 업체로 급부상했다. 2005년 1월 1일 폭스바겐코리아가 설립되면서 한국에도 정식으로 수입 판매되고 있다.

아우디
독일의 자동차 제조 회사로 폭스바겐의 자회사이다. 폭스바겐 그룹 내에서 고급 승용차 생산을 담당한다. 호르히, 데카베(DKW), 반더러(Wanderer) 사와 합병하여 아우토 유니온(Auto Union)이 된다. 이때부터 네 개의 둥근 고리를 로고로 사용한다. 폭스바겐에 합병되면서 오늘에 이르고 있다.

스코다
1905년에 설립된 가장 오랜 역사를 자랑하는 체코의 자동차 회사. 바클라프 라우린(Vaclav Laurin)과 바클라프 클레멘트(Vaclav Klement) 형제가 설립한 라우린-클레멘트(Laurin & Klement) 사가 전신이다. 1989년 공산당 정권이 붕괴하면서 민영화되고, 1991년 낙후된 기술을 따라잡으려고 폭스바겐에 인수되었다.

구조조정
경제적 효율성을 높이고 불합리한 경영 구조를 개편하기 위한 기업의 구조개혁 작업. 인원을 감축하거나 퇴출하고, 임금피크제를 도입하는 등의 자구책이다. 국내에서는 1997년 IMF 경제 체제를 맞이하면서 구체화되었다. 수많은 사람이 직장에서 쫓겨났고 실업자의 수가 급증하는 결과를 낳았다.

정리해고
구조조정의 과정을 통해 종업원을 해고할 수 있는 합법적인 제도. 긴박한 경영상의 필요, 해고회피 노력, 대상자의 공정한 선정, 노조 또는 근로자 대표와의 협의 등의 요건이 갖추어질 경우 기업은 생존을 이유로 종업원을 해고할 수 있다. 이때 기업이 어려움에 부닥치게 된 원인을 분석하고 종업원에게 정리해고를 할 수밖에 없는 상황을 충분히 설명해야 한다.

일자리나누기
같은 기업에 근무하는 근로자들이 근로시간을 줄여 다른 근로자들도 일 할 수 있는 기회를 제공하는 제도로 일자리 나누기 또는 시간분할제, 대체근로제라고도 부른다. 이 제도는 일감이 줄어든 기업이 해고 대신, 일하는 시간을 줄이고 이를 서로 나눔으로써 근로자들과 공생하는 방법이다. 경기불황으로 3만 명을 감원해야 했던 폭스바겐은 주 4일 근무제를 통해 대량실업을 극복할 수 있었다.

일어난 일들이 현재를 포함한 다가올 미래를 예측하는 데 중요한 단서를 제공하기 때문이다.

폭스바겐Volkswagen은 지난 1937년 나치 독일 치하에서 아돌프 히틀러의 명령에 따라 국영기업으로 탄생했다. 1960년 주식을 공개해 민영화하고 나서 9년 뒤 그룹의 또 다른 축인 아우디Audi 그룹을, 1990년에는 스코다skoda를 인수해 유럽 최대 자동차 업체로 성장했다. 그러나 당시 폭스바겐은 싸구려 국민차독일어로 폭스바겐라는 이미지가 강했기 때문에 이 같은 외형적인 성장은 곧 위기를 가져왔다. 1990년대 초 폭스바겐의 독일 내 종업원 수는 10만 3,000명으로 최대 수준에 달했으나 공장은 전혀 수익을 내지 못했다. 노동자들의 임금도 경쟁사보다 20퍼센트 가까이 높아, 생산성은 업계 최하위 수준이었다. 당시 독일 언론에서 폭스바겐을 구조조정構造調整 0순위 업체로 지목할 정도였다.

그러나 이러한 위기에 대응하는 폭스바겐의 방식은 여타 기업과 달랐다. 한때 세계 최대 생산량을 자랑했던 GM이 정리해고整理解雇와 고수익 모델 생산에만 집중하다 무너졌지만 폭스바겐은 90년대 초반부터 20여 년 동안의 긴 개혁을 통해 2010년 자동차 업체 중 유일하게 성장한 탄탄한 회사로 변신에 성공한 것이다. 2010년 폭스바겐은 전 세계 시장에서 710만 대의 자동차를 판매하여 도요타840만 대, GM760만 대에 이어 3위를 차지했다. 그러나 수익 면에선 폭스바겐이 1위이고 포드, 도요타가 뒤를 이었다.

이 같은 폭스바겐 성공의 힘은 크게 세 가지로 꼽힌다. 생산·마케팅·노사관계 혁신이 그것이다. 특히 노동자의 일자리를 보전하면서도 생산성을 높인 '일자리나누기워크셰어링'는 노동자 해고에만 초점을 두는 한국 산업계에 신선한 충격을 준다. 이 프로그램의 성공 비결은 노와 사의 신뢰와 이들을 뒷받침하는 (지방)정부의 힘에 있었다. 이 프로그램 도입 첫해 16억 마르크 상당의 인건비를 절감했다. 93년 25퍼센트에 달하던 매출액 대비 인건비 비중은 6년 후 16퍼센트까지 낮아졌다. 고용안정을 보장받은 노동자들의 노동 생산성도 6퍼센트 올라갔다.〈프레시안〉 노·사·정 모두 구한 폭스바겐의 일자리 나누기, 2009년 6월 17일 참조 (http://www.pressian.com/article/article.asp?article_num=60090616191705)

필자가 주목하는 점은 GM이나 도요타 모델이 아니라 폭스바겐 모델이 장기간에 걸친 개혁 프로그램에 힘입어 2010년 이후 세계 제일의 기업으로 자리 잡게 된 배경이다. 여기에는 폭스바겐이 원하는 독특한 핵심역량核心力量 즉 인재관이 자리 잡고 있었다. 이를 이해하기 위해 독일의 시사주간지 〈슈피겔Der Spiegel〉이 1993년 폭스바겐 인사책임자 하제Haase를 인터뷰한 내용을 읽어볼 필요가 있다.

핵심역량

신속하게 변하는 경쟁과 기술 속에서 기업은 외부환경에 치중하던 경영전략 대신 내부에 집중하여 성공의 원천을 찾는다는 이론으로 미시간 대학 비즈니스 스쿨의 프라할라드(C.K. Prahalad) 교수와 런던 비즈니스 스쿨의 게리 하멜(Gary Hamel) 교수에 의하여 발표되었다.

슈피겔

함부르크에 본사를 둔 독일의 대표적인 시사 주간지. 서독의 〈타임〉 지로 불렸다. 독일어로 '거울'이라는 의미가 있는 〈슈피겔〉은 '권력자에 대한 예리한 비판'을 편집방침으로 정하고 부정부패에 매서운 비판을 하는 것으로 정평이 나있다. 이 외에도 〈디 차인트〉, 〈데어 슈피겔〉, 〈슈데른〉 등의 시사주간지들이 있다.

슈피겔 (요즘 취업한 폭스바겐 신규) 인턴 직원에 대해 어떠한 생각을 하고 있는지?

하제 전공과 관련한 역량에 대해서는 전혀 문제가 없다고 본다. 그러나 사회적인 (소통) 능력이 부족하다. 문제는 그들이 배운 내용이 아니라어떻게 배웠느냐 하는 점이다.

슈피겔 학생들 교육이 잘못되었다는 말인가?

하제 팀 공동체 내에서 같이 일할 수 있는 (소통) 교육을 접할 기회를 얻지 못했다. 많은 학생이 자기중심적으로만 배웠을 뿐이다.

슈피겔 업계 스스로 오랫동안 개인적인 성과 중심으로 사람을 육성해오지않았나? 최고만을 요구하지 않았던가?

하제 독일은 (취업자) 개인의 경쟁력은 매우 높다. 그러나 개혁은 오늘날 대개 팀 공동체를 통해 이루어지고 있다. 벤츠Benz나 디젤Diesel과 같은 위대한(개인) 발명가의 시대는 지나갔다.

슈피겔 폭스바겐에 취업하려는 사람들은 무엇을 준비해야 하는가?

하제 커뮤니케이션을 배우라고 말하고 싶다. 오늘날 젊은이들은 스스로 많이 말하는 것이 강자의 상징이라고 생각한다. 그러나 팀 작업을 하는 사람들은 전혀 다르다. 먼저 물어보고 듣는 연습을 할 필요가 있다. 혼자서 골을 넣으려는 사람은 결코 그런 기회를 얻 지 못하기 때문이다.

슈피겔 스포츠팀 정신이 교육이 본받아야 할 모델이다?

하제 교수들이 생각을 바꾸어야 한다. 교수들은 학생을 무대 위에서 춤추는 꼭두각시 인형처럼 생각하는데 익숙해져 있다. 학생들은 지도자 없이 팀 공동체 내에서 일하는 경험을 가져야 한다. 그렇게 해야만 기업의 성장을 방해하는 수직적인 위계구조를 해체할 수 있다. 사람들이 가능 한 즐겁게 일하는 방법의 중요성에 대해 인식하기 시작한 것이다.

슈피겔 (이러한 변화에 대비하여) 정부가 교육을 어떻게 바꾸는 것이 바람직할까?

하제 전면적으로 바꿔야 한다. 교육학자들은 학생들을 전문화하는 데 있어서 지식 폭발은 더 이상 없다는 점에 대해 의견의 일치를 보이고 있다. 그러나 전문지식만으로 시작할 수는 없다는 사실을 잊고 있다. 복잡한 문제는 다른 사람과 공동 작업을 통해서만 풀 수 있을 뿐이다.

슈피겔 커뮤니케이션 과목을 정규 과목화하는 것을 요구하는 건가?

하제 그것도 하나의 가능성이지만, 그것만으로 충분하지 않다. 젊은이들이 처음부터 공동체 집단 내에서 공부하고, 전공을 넘어서서 (통섭적으로) 사고하는 습관을 길러야 한다.

〈슈피겔〉 1992, 23호 53쪽

1990년대부터 추진해온 폭스바겐 개혁의 핵심은 조직원의 개인적인 역량보다는 팀 공동체 중심의 역량을 높게 평가하고, 이를 조직개혁 프로그램에 적극적으로 도입했다는 점에 있다. 위의 인터뷰에서 엿볼 수 있듯이, 복잡한 문제는 노사정 사이의 공동 소통을 통해서만 풀 수 있다는 정신을 유지한 것이다.

이 같은 공동체 정신은 2000년대 폭스바겐에 다시 위기가 찾아왔을 때도 한결같이 유지되었다. 10년 넘게 이뤄진 시스템 혁신과 발맞춰 2001년과 2004년 노사가 일자리나누기 확산을 협약해 위기를 벗어나기 시작했다. 특히 2001년 협약에 성공한 '아우토 5000×5000' 프로그램을 통해 폭스바겐은 독일 내 새로운 공장을 만들고 노동자 전원을 장기 실업자와 청년 실업자로 채용했다. 이 프로젝트는 노사는 물론 사회적으로도 큰 성공을 거뒀으며, 실업난에 시달리던 독일 경제에 놀라운 사건으로 주목받았다.

아우토 5000×5000
대량실업의 문제에 직면했던 폭스바겐이 이를 극복하기 위해 제시했던 프로젝트. 실직자 5,000명에서 월 5,000마르크의 수입을 보장하겠다는 다짐이 담겨 있다. 이를 위해 노조는 노동시간을 양보했고, 회사는 그들의 경영 참여를 인정했다.

실업자들은 폭스바겐의 평균 노동자 임금보다 10~15퍼센트가량 낮은 임금을 받고 직장을 얻었다. 노동시간은 다시 주5일로 전환하면서 35시간으로 연장됐으나, 임금체계를 성과에 연계해 지급함으로써 생산성을 끌어올렸다. 일자리나누기로 큰 성공을 거둔 폭스바겐 노사는 2004년부터 올해까지 노동자 전원 고용 보장과 3년간 임금을 동결한다고 합의를 했다. 이 모델은 결과적으로 노동자의 정리해고를 막는 것은 물론, 새 일자리까지 창출함으로써 생산성 향상과 기업의 사회적 책임을 이행한 프로젝트로 작용했다. (이 같은 노사합의에 대해) 이상호 연구위원전국금속노동조합 정책연구원은 '노사의 합의에 따라 해고를 통한 사회적 비용 발생을 막았고 회사는 복지비와 인건비를 절감할 수 있게 됐다'며 '노사가 서로 양보하면서 사회적 모범 사례를 만든 것'이라고 평했다.〈프레시안〉, '노·사·정 모두 구한 폭스바겐의 일자리 나누기', 2009년 6월 17일.

이러한 일련의 성공적인 개혁 프로그램의 기반에는 앞서 인터뷰에서 보았던 팀 공동체 정신에 따라 소통능력을 중요시하고, 이를 조직의 핵심역량으로 높게 평가한 기업의 남다른 예지력과 실행력이 바탕이 되었다는 점을 직시해야 할 것이다. 특히 핵심은 개인 중심의 역량보다는 팀 중심의 소통역량과 공동체 정신이 위기에 빠진 기업의 문제를 창의적으로 풀어내는 데 큰 역할을 하였다는 점이다.

패러다임

미국의 과학사학자이자 철학자인 토머스 쿤(Thomas Kuhn)에 의해 제시된 개념. 같은 시대를 살아가는 사람들의 견해나 사고를 지배하는 공통적인 이론이나 틀의 집합체. 쿤은 '한 시대를 지배하는 과학적 인식·이론·관습·사고·관념·가치관 등이 결합한 총체적인 틀 또는 개념의 집합체' 라고 정의했다.

폭스바겐이 지난 20여 년 동안 진행해온 개혁 프로그램은 사실 앞서 언급한 OECD가 선정한 핵심역량 세 가지 범주를 일찌감치 조직에 활용하고 실천해온 것이다. 상징의 상호작용적 이용, 팀 공동체 내에서 유연한 상호작용 그리고 창의적인 문제해결능력을 갖추기 위한 소통 능력 극대화라는 핵심역량은 우리 사회의 미래 패러다임paradigm에 대한 지표임과 동시에 소통하는 인간 '호모 커뮤니쿠스'가 갖추어야 할 핵심 역량의 기본 범주인 셈이다.

04 호모 커뮤니쿠스소통하는 인간 5단계 모델

통합적인 소통의 흐름 따라잡기

이에 비해 오늘날 한국 교육의 현주소는 어떤가?

'일제고사'를 구실로 하여 학생들 간의 소통을 가로막는 장벽을 세우게 하고, 비교를 통한 줄 세우기 경쟁을 하며, 획일적, 일제식 시스템이 지배하고 있다. 이런 사회에서 OECD가 추진하는 핵심역량 프로젝트는 먼 나라 얘기로 들릴 뿐이다. 그러나 삼성이 창의적인 기업 애플apple의 도전으로 위기를 맞았었고, 도요타 모델을 따라가는 현대 자동차가 현재까지는 잘나간다고 해도, '도요타 위기' 이후의 새로운 대안 모델이 없다는 점에서 우리 사회는 불안한 비교우위와 성장에만 만족할 수 없는 실정이다.

애플

1976년 4월 스티브 잡스, 스티브 워즈니악, 로널드 웨인이 자신들의 컴퓨터를 판매하기 위해 설립한 회사. 지금은 아이폰 열풍으로 세계 정상의 IT기업으로 자리 잡았다. 매킨토시 시리즈, 아이팟, 아이폰, 아이패드 시리즈 등 내놓는 제품마다 폭발적인 관심을 얻고 있다. 2011년까지 스티브 잡스가 이끌었다.

독일의 폭스바겐에서는 팀 공동체가 함께하는 공부, 전공을 넘어서는 통섭적 사고 등의 새로운 학습문화를 조성하였고, 이를 대학과 교육 당국에 요구하고 나서고 있다. 개인능력 중심의 줄 세우기 식의 교육에 대한 낡은 생각이 '일제고사'라는 방식으로 이명박 정부하에 재도입되고, 이에 반대하는 어떠한 목소리도 일벌백계一罰百戒하는 식의 전근대적인 사고가 21세기 한국 교육의 현장을 지배하는 상황을 되돌아보면 더욱더 큰 대비 효과가 나타나는 것이다.

우리나라 학생들의 더불어 사는 능력이 세계 꼴찌라는 조사에서 엿볼 수 있듯이, 줄 세우기 교육 속에서 '경쟁'만 남고 '교육'은 사라지는 참담한 현실을 지켜보고 있다. 소통하는 인간 호모 커뮤니쿠스 모델은 강의실에서 경쟁 대신 대화를 복원시키고, 일방적 전달 대신 상호작용적인 소통을 회복시키기 위한 근대 이후 새 패러다임을 향한 하나의 전환이자 새로운 흐름을 지향하고 있다. 구체적인 교육 프로그램은 다음의 5단계로 구성된다.

도요타 위기

승승장구하던 도요타가 2009년 하반기 사상 처음으로 4,610억 엔의 적자를 기록하면서 불거진 말. 급격한 엔고로 수출 채산성이 악화하고, 주력시장인 미국 시장의 거품이 사라지고 자동차 판매량이 급감하면서 빚어졌다. 이후 대량 리콜사태를 겪으면서 실적 악화에 영향을 받게 되기도 했다.

일제고사

전국의 학교 또는 특정 지역 내의 모든 학교에서 모든 학생이 동시에 치르는 형태의 시험. 전국의 모든 학생을 점수대로 줄을 세운다든지 과외를 부추긴다는 이유로 1998년에 폐지되었다가 이명박 정부가 들어서면서 다시 도입되었다.

단계	내용	목표
〈1단계〉 메타 커뮤니케이션	커뮤니케이션에 대해 커뮤니케이션해보는 단계	소통에 대한 이해
〈2단계〉 자아 커뮤니케이션	소통을 위해 마음능력을 키우고, 나를 돌아보는 소통을 배우는 단계	자아와 소통
〈3단계〉 갈등 커뮤니케이션	집단 혹은 대인간 갈등을 새롭게 인식하고, 경청과 공감의 대화를 배우는 단계	타인과 대화
〈4단계〉 스피치 커뮤니케이션	두려움 없는 스피치와 힘있는 스피치를 위한 방법을 배우는 단계	효과적 전달방법 구체화
〈5단계〉 사회 커뮤니케이션	토론, 협상, 청문회, 재판 등 사회에서 진행되는 다양한 현장 커뮤니케이션을 배우는 단계	실제 사안에 적용 · 응용

이러한 5가지 단계의 호모 커뮤니쿠스 교육을 통해 우리는 메타 커뮤니케이션에서부터 자아 커뮤니케이션, 갈등 커뮤니케이션, 스피치 커뮤니케이션 그리고 마지막 사회 커뮤니케이션으로 소통의 영역을 확장하는 경험을 가지게 된다. 이러한 일련의 경험들은 이 글의 도입부에서 인용한 바와 같이 '이해로 충만한 커뮤니케이션' 경험으로 이어지게 되며, 이를 통해 궁극적으로는 더불어 살아가는 사회적 공동체적 결속을 강화하고 민주적인 소통행위를 예술의 경지로 끌어올리는 계기가 될 것이다.

줄 세우기 교육

학교나 학생을 성적에 따라 평가하는 교육의 행태를 비판하는 말. 이러한 성적지상주의는 학교 간 성적을 부추기는 부작용을 낳았다. 특히 학교 간 성적표를 매겨 장학 지도용으로 사용하는 바람에 부정행위가 드러나는 등의 폐단을 낳기도 했다.

'호모 커뮤니쿠스'는 결국 '가장 최고의 의미에서 민주주의적 공동체'를 형성하는데 씨앗과 거름의 역할을 할 인재를 키우는 비전이자 프로젝트인 셈이다.

이제 이 5단계 소통교육 모델을 하나하나 만나 보도록 하겠다.

2

메타 커뮤니케이션 소통에 대해 알기

01 소통에 대해 소통하다

호모 커뮤니쿠스와 메타 커뮤니케이션

메타 커뮤니케이션이란 말 그대로 커뮤니케이션에 대해 커뮤니케이션communication of communication하는 것을 말한다. 이는 우리가 일상적으로 혹은 무의식적으로 행해왔던 우리의 커뮤니케이션 행위 자체에 대해 반성하며 생각해보는 것을 의미한다.

워프B. L. Whorf와 사피어E. Sapir에 따르면 인간은 객관적 세계에서 사는 것이 아니라, 언어의 세계에서 살고 있다. 세계를 있는 그대로 반영하고 표현한 것이 언어가 아니라, 현실 자체가 언어에 의해 구성되어 있다고 보았다. 이처럼 언어는 인간의 사고를 가능하게 할 뿐 아니라, 지각 과정과 사고의 패턴에 영향을 미친다.

언어를 달리하면, 다른 현실, 다른 가치관을 받아들이게 되고, 결국에는 다른 행동을 유발하게 된다. 이러한 과정을 통해 사회현상을 바라보는 시각 또한 규정된다. 우리의 현실세계는 물론이고 언

워프

미국의 언어학자. 한 언어의 구조는 그 언어를 쓰는 사람들의 사고방식을 규정하는 경향이 있으며, 따라서 그 구조가 다른 언어를 쓰는 사람들은 각기 서로 다른 방식으로 세계를 본다고 주장하였다.

사피어

워프의 스승이며 음성학의 연구 수준을 높인 미국의 인류학자이자 언어학자. 언어 구조의 체계적인 성질을 이해하는 데 힘썼다. 두 사람의 연구는 한 사람이 세상을 이해하는 방법과 행동이 그 사람이 쓰는 언어의 문법적 체계와 관련이 있다는 사피어-워프 가설로 정리되었다.

어의 세계마저 우리의 의식 너머에서 구조화되어 있다. 메타 커뮤니케이션은 이처럼 의식 너머의 배후에서 우리의 언어생활을 관장하고 구조화하는 커뮤니케이션 현상을 성찰하고 돌아볼 기회를 제공한다.

'호모 커뮤니쿠스' 교육 과정 첫 번째 프로그램인 '메타 커뮤니케이션' 교육의 목적은 교실공동체 내에서 일어나는 여러 커뮤니케이션의 조건과 장애에 대해 창의적이고 능동적인 방식으로 학생들이 생각하고, 공동의 방법과 규칙을 찾아서 현재의 커뮤니케이션 상황을 개선할 수 있게 하는 것이다. 즉 학습공동체인 교실 내에서 우리가 만나는 여러 가지 커뮤니케이션상의 문제나 장애를 의식하고, 실제적인 커뮤니케이션 상황에 대해 분석하여, 대화를 통해 비판적이면서도 협력적으로 소통하는 '교실공동체'를 키우려는 것이다.

호모 커뮤니쿠스에서 기획하는 이러한 일련의 교육 프로그램은 전통적인 학습방법과는 분명한 차이가 있다. 전통적으로 우리는 교실에서 선생님이 교육 내용을 계획하고, 조직하고, 결정하고, 지시하고, 강의하고, 질문하고, 설명하고, 문제를 던지고, 교정하고, 시범을 보이고, 평가하고, 실험하고, 구조화시키고, 시각화하고, 책임을 지고, 문제를 푸는 식으로 진행해 왔다. 이에 따라 학생들은 강의내용을 듣고, 적응하고, 수용하고, 저장하고, 추상화하고, 재생산하고, 인내력을 보이고, 적절하게 학습하는 수동적인 태도만 요구되었던 것이다. 이와 같은 방식으로는 학생들 스스로 배우려고 하는 의지가 점점 줄어들게 되고, 수동적이고 일방향적인 학습만이 가능해진다.

소통하는 인간 '호모 커뮤니쿠스'를 기르는 교육은 이 같은 전통적 방법으로는 그 목적을 달성할 수 없다. 교실에서 학습하는 대상은 교과과정 내용이나 방법에 그치는 것이 아니다. 경청하기 · 근거 제시하기 · 논증하기 · 질문하기 · 토론하기 · 협력하기 · 통합하기 · 대화를 주도하기 · 프레젠테이션하기와 같은 사회 커뮤니케이션 역시 또 다른 학습의 대상이 되기 때문이다.

교실 공동체 내에서 다양한 사회 커뮤니케이션을 가능한 학생들의 참여를 활성화하는 방식으로 기획하는 것을 우리는 '행동지향적인 수업'이라고 부른다. 책상에 앉아 정적으로 머리만을 동원하여 학습하는 방식과 대비되는 의미가 있기 때문이다. 집단 대화 · 대인 대화 · 논증놀이 · 상황 대화 · 패널토론 · 토크쇼 · 역할극 · 비즈니스 시뮬레이션 · 청문회 · 재판 등 다양한 참여 프로그램이 소통하는 능력을 키우는 데 동원되는 방법들이다.

이러한 능력은 그 자체가 하나의 목적이 될 수도 있지만, 다양한 전공과 연계되어 접목될 때 시너지효과synergy effect가 극대화된다는 특성을 지니고 있다. 예를 들어 법학과 호모 커뮤니쿠스가 결합하면 최근 사법개혁의 화두인 공판중심주의公判中心主義가 정립된다. 경영학이 호모 커뮤니쿠스와 연계되면 기업의 합리적인 의사결정과 리더십 구축이 가능해질 것이다. 호모 커뮤니쿠스가 의학과 결합하면 '환자를 배려하고 소통할 줄 아는 의사'가 양성될 수 있다. 이처럼 사회 각 분야가 요구하는 전문 능력에다 특히 상대를 배려하는 소통능력을 연계시키면, 근대적 성장동력의 한계를 드러내는 우리 사회에 '지속 가능한 소통 모델'을 자연스럽게 도입할 기회가 될 수도 있다.

시너지효과
1+1=2 이상의 효과를 낼 경우를 이르는 말로 상승효과라고도 한다.

공판중심주의
재판에서 모든 증거자료는 공판에 집중시켜 공판정에서 형성된 심증만을 토대로 사안의 실체를 심판한다는 원칙.

‘사고’는 치면 되고, 불확실성은 즐기면 되고

자유방임

17세기 말부터 18세기 초에 이르는 기간 영국과 프랑스의 군주정치 아래에서 전개된 사상. 정부는 법과 치안 유지를 위해 노력하고 거래와 민간경제활동에 관한 법적 제한에는 관여하지 말아야 한다는 의미를 담고 있다.

새로운 개혁 프로그램을 도입하기 어려운 이유 가운데 하나가 미래에 대한 예측불가능성 때문일 것이다. 자로 잰 듯 꼼꼼하게 계산하고 추진해도 결과를 장담하기 어려운데, ‘호모 커뮤니쿠스’와 같이 학습의 과정은 물론 결과에 이르기까지 ‘자유방임自由放任’하는 교육 프로그램은 전통적인 관점에서 보면 ‘무책임’하게 보일 수도 있다. 그러나 무엇인가를 ‘주입’시켜야 한다는 강박에서 벗어나고, 또 배우는 것은 ‘머리로 하는 것’이라는 선입견을 놓아버린다면, 그래서 수업이 학생들의 능동적인 참여에 따라 굴러가는 대로 혹은 ‘구성되는 대로’ 지켜볼 약간의 인내만 있다면 훨씬 재미있는 결과를 뜻하지 않게 얻을 수 있다.

클라이스트

괴테를 앞서려는 야심을 보였던 독일의 극작가. 다수의 걸작을 남겼으나 사회적 불우와 조국의 굴욕에 대한 마음의 상처 때문에 베를린 교회의 강변에서 유부녀와 권총자살로 일생을 마쳤다.

혹시 누구나 이런 경험 있지 않은가? 아직 채 정리가 끝나지 생각이어서 말로 옮기기 주저하였지만, 오히려 말함으로써 생각만으로는 점점 꼬였던 점들이 풀려나갔던 경우 말이다. 이에 대해 독일의 유명한 시인이자 극작가인 클라이스트Heinrich von Kleist는 다음과 같이 말하고 있다.

> “내 생각에는 많은 위대한 연설자들이 입을 열었을 때 자신이 무엇을 말해야 할지 분명하게 정하고 연설을 시작한다고 보지 않는다. 그들은 단지 스스로에 대한 믿음으로 말을 일단 시작하면 뭘 말해야 할지 말하는 과정에서 술술 풀릴 것이라고 확신하는 용기를 갖고 있을 뿐이다. 말하기 전에 이미 생각을 완성한 경우는 그 생각만을 표현하는데 머무르기 때문에, 연설하는 행위가 연설가를 고무시키기보다는 오히려 감홍을 떨어뜨리는 결과를 낳는다. 따라서 생각이 뒤엉켜 있더라도 말한 후의 결과는 더 이상 뒤엉키지 않을 수 있으며, 오히려 뒤엉켜 있는 채로 말하려는 시도가 가장 확실하게 정리된 결과를 가져다줄 수 있다.”

연설 상황에 관한 클라이스트의 이 생각을 교육상황에 적용해보면 '호모 커뮤니쿠스' 역시 클라이스트와 마찬가지 관점에 서 있다.

이 교육 프로그램을 통해 무엇을 얻겠다는 확고한 생각과 철저한 플랜이 오히려 프로그램의 경직성과 수동적인 학습결과를 낳을 수 있다는 것이다. 오히려 '공부'를 하지 말고, 참여를 통해 배움의 즐거움을 맛보게 하는 것, 머리가 아니라 몸으로 알고 싶은 것을 스스로 체득해 갈 수 있게 틀 지워주는 것. '사고'를 치고, 힘든 일을 해 내면서, '일머리'를 기르는 것『교실이 돌아왔다』이 바로 '호모 커뮤니쿠스'가 바라는 '메타 커뮤니케이션' 교육의 목적이라고 할 수 있다.

『교실이 돌아왔다』
조한혜정 교수가 불안한 시대를 사는 대학생 103명과 함께 돌봄의 수업 공동체를 꾸려 나간 이야기를 엮은 책. 대학생들과 함께 과당 경쟁 시대, 위험 사회, 고실업 불안정 고용 시대, '신자유주의'로 설명되는 시대가 만들어 내는 '겉도는 제도, 헛도는 삶'을 어떻게 극복할지를 궁리해 보는 수업의 기록이다.

스스로 배우고 싶은 동기와 의지를 바탕으로 일상소통의 배후에서 우리의 말을 움직이는 '코드'를 발견하고 소통에 대해 소통해보는 기회를 얻는 것이 메타 커뮤니케이션을 통해 우리가 얻고자 하는 소정의 성과이다. 이제 이를 익히기 위한 구체적인 프로그램들을 하나하나 살펴보도록 하자.

활동 GUIDE

02 말에 대한 우리의 인식

1 소개

우리 사회에서 말에 대한 속담이나 격언, 유행어, 관용적 표현 등을 비판적으로 생각하고 이를 통해 우리의 언어관을 되돌아보는 기회를 얻는 것을 목표로 하는 활동이다.

2 준비

1) **활동방식**

팀별로 우리가 일상생활에서 말과 관련하여 통상적으로 알고 있거나 자주 사용하는 속담, 격언, 명언, 상식, 한자성어, 유행어, 광고문구 등의 관용적 표현들을 찾아보고, 이러한 표현 속에 담긴 우리의 언어인식에 대해 논의해본다.

2) **준비물** 전지, 매직

3) **진행시간** 50분

3 실행

- 팀별로 말에 관한 속담, 격언, 명언, 한자성어, 광고문구, 유행어 등의 관용적 표현들을 모두 전지에 기록한다.
- 전지에 기록한 말에 관한 표현들 사이의 공통적 속성들을 3~4가지로 정리하여, 기록한 표현 아래에 기록한다.
- 팀별로 논의한 결과를 발표하고, 활동에 대한 소감을 전체발표를 통해 공유한다.

4 의미와 발견

우리 사회에 내재한 언어나 말에 대한 시각과 그 변화 양상을 알아보기 위한 가장 간단한 방법은 언어나 말에 대해 사람들이 가지는 공통된 감각으로서 속담과 같은 상식common sense들을 살펴보는 것이다. 물론 우리는 말과 언어에 대한 긍정과 부정의 인식을 동시에 가지고 있기는 하지만, 전통적으로 유교문화의 영향으로 말을 아끼고 자제하는 문화가 더욱 강한 것도 사실이다.

말과 관련한 속담 대부분에는 금지나 억제, 풍자의 성격을 띠는 경향을 보인다고 할 수 있다. 이 점은 말을 많이 하는 것을 경계하고 말을 할 때 주의하게 하는 데 더 많은 노력을 기울여야 한다는 언어관을 엿볼 수 있다. 즉 우리는 전통적으로 가능한 한 말을 아끼고 절제하며, 말을 할 때는 신중하게 가려서 하는 한편, 다른 사람의 말을 잘 듣는 것을 바람직한 것으로 보았다고 할 수 있다.

최근 우리 사회는 서구적인 커뮤니케이션 가치관과 전통적인 커뮤니케이션이 뒤섞이면서 커뮤니케이션 가치관의 혼재 양상을 보이고 있다. 표현의 자유와 기회의 확대로 이른바 과언의 시대를 맞이하여 허언, 실언, 식언 등과 같은 커뮤니케이션으로 인한 사회 병리 현상이 나타나고 있다는 지적도 제기되고 있다. 따라서 우리의 전통적 언어관과 서구적 언어관은 서로 배타적인 관계가 아니라 상호 보완적인 관계에 있다는 점을 고려하고, 앞으로 이에 대한 조화를 이루어 나가는 것이 중요한 과제가 되고 있다.

5 진행상의 유의점

- 말에 관한 관용어구들을 기록할 때는 브레인스토밍 방법을 통해서 정리한다.

사 례

말에 대한 우리의 인식을 알 수 있는 말들

(속담, 격언, 상식, 한자성어, 광고문구, 유행어 등)

말이 씨 된다.

말 한마디로 천 냥 빚 갚는다.

가는 말이 고와야 오는 말이 곱다.

길은 갈 탓, 말은 할 탓.

말로 은공을 갚는다.

언어도단

침묵은 금이다.

말이란 아 다르고 어 다르다.

고기는 씹어야 맛이고, 말은 해야 맛이다.

말 안하면 귀신도 모른다.

청산유수 같다.

"말하지 않아도 알아요, 오리온 초코파이"

화살은 쏘고 주워도, 말은 하고 못 줍는다.

들으면 병이요, 안 들으면 약이다.

좋은 말도 세 번 들으면 싫다.

쇠 귀에 경 읽기

호랑이도 제 말 하면 온다.

아는 길도 물어 가랬다.

동문서답

말은 적을수록 좋다.

말 많은 집은 장맛도 쓰다.

탁상공론

꿀 먹은 벙어리

꾸어 온 보릿자루

김 안나는 숭늉이 더 뜨겁다.

말이 많으면 실언이 많다.

여자 셋이 모이면 새 접시를 뒤집어 놓는다.

발 없는 말이 천 리 간다.

가루는 칠수록 고와지고 말은 할수록 거칠어진다.

활동 GUIDE

03 소통 약속 만들기

1 소개

교실 안에서 지켜야 할 소통 규칙을 스스로 정해 지키도록 한다.

2 준비

1) 활동방식

활발하고, 즐거운 소통 교실이 되려면 지켜야 할 것이라고 생각되는 소통 방식을 각자가 생각나는 대로 적어 다른 사람들과 공유하고 나서 하나로 모은다.

2) 준비물 접착식 메모지, 전지, 매직

3) 진행시간 50분

3 실행

- 활발하고, 즐거운 프로그램이 되려면 지켜야 하는 소통 행위를 생각나는 대로 접착식 메모지에 적게 한다.
- 접착식 메모지에 적은 것을 조원들과 공유하여 비슷한 것끼리 묶어서 분류한다.
- 조에서 만들어진 규칙을 칠판에 모두 적고, 비슷한 것끼리 또 한 번 묶어, 최종적인 소통 약속을 만든다.
- 진행자는 정해진 소통 약속을 전지에 적어서 교실에 붙여둔다.

4 의미와 발견

우리가 일상적으로 하는 커뮤니케이션에는 명백한 규칙이 존재한다는 점을 메타 커뮤니케이션 차원에서 인식할 필요가 있다. 이 규칙을 우리는 야콥슨jakobson의 용어를 빌어 코드code라고 한다. 코드는 말이 말로 작동할 수 있게 하는 커뮤니케이션의 틀이자 배후 세력이다. 문법이나 음운규칙을 떠올려 보면 쉽게 이해할 수 있다. 우리는 코드에 따라서 말하고 코드의 규칙에 따라 소통하지만, 일상의 언어행위에서 코드를 의식하지 못하는 경우가 대부분이다. 언어와 관련된 여러 가지 코드 가운데 소통을 관장하는 코드도 존재한다. 즉 타인과의 대화나 소통을 막거나 방해하지 않으려면 따라야 하는 코드가 바로 그것이다. 이 코드를 정리해 보는 것이 소통을 촉진하는 규칙들을 메타 커뮤니케이션 차원에서 배우고 익힐 수 있는 교육과정의 하나가 된다.

이를 배우기 위한 교육 프로그램은 다음과 같이 진행될 수 있다. 즉 성공적인 대화를 이끌려면 일정한 규칙이 있다는 점을 인식해야 한다. 이를 위해 학생들은 대화의 분위기를 좋게 하는 규칙과 소통을 촉진하는 규칙이 무엇인지에 대해 논의하게 된다. 여기에서 합의된 규칙들을 '규칙판'에 정리해서 크게 작성하고 나서 교실에 걸어두게 한다. 이후 교실 내에 이루어지는 모든 소통은 이 규칙의 지배를 받게 된다. 따라서 학생들 스스로 설정한 대화의 규칙을 자발적으로 따르는 훈련을 하게 되는 것이다. 이 과정을 통해 학생들은 우리의 언어를 관장하는 행동의 코드를 새롭게 인식하고, 대화와 공동체를 유지 형성하는 데 있어서 커뮤니케이션 규칙의 중요성을 깨닫는 계기가 된다.

예상되는 소통 약속

- 우리는 의견을 낼 때 반드시 그 근거를 제시해야 한다.
- 다른 사람이 말을 할 때 잘 들어야 한다.
- 모든 사람이 발언할 수 있게 해야 한다.
- 다른 사람이 말하는 도중에 말을 끊어서는 안된다.

5 진행상의 유의점

- 최대한 모든 사람의 의견을 반영할 수 있도록 해야 한다.
- 이 약속은 스스로 만든 것이라는 점을 강조해서 말해준다.

사 례

소통 약속

1. 팀 내 연애 금지
2. 말할 때는 의자에서 등 떼고 얼굴 가리지 말고 서로 바라보기
3. 방청객의 마음으로 긍정적으로 경청하기
4. 매번 새로운 질문으로 서로 알아가기
5. 호칭은 편하기 하기
6. 다른 곳에서 만나도 인사할 때는 하이파이브로!
7. 서로 사랑하고 적극적으로 참여하기
8. 만나기 전날은 과음금지
9. 팀 전체가 발표할 수 있도록 발언 후 농활박수로 마무리해서 격려하기
10. 매시간 조별 자리 옮겨 앉기

2011년 진행했던 한 워크숍에서 학생들이 합의한 소통 약속

활동 GUIDE

04 주제 인터뷰

상호소개

1 소개

처음 만나 활동을 시작할 때 구성원들과 자연스럽게 대화를 시작하고 서로 알아가는 방법으로 가볍게 조별 인터뷰를 한 후 조원끼리 각자 소개의 시간을 갖는다.

2 준비

1) 활동방식

조 편성 후 조원들을 소개할 자신만의 인터뷰 주제를 정하고 주제에 따라 조원들을 인터뷰하고 나서, 조별로 조원을 소개하는 시간을 진행

2) 준비 조 편성, 조원을 소개할 각자의 인터뷰 주제

3) 진행시간 2시간

3 실행

- 조 편성 후 각자 조원을 인터뷰할 주제를 정한다조원이 5명이라면 각자 5가지의 주제 설정.
- 자신의 주제에 따라 조원들을 인터뷰을 한다.
- 인터뷰가 끝나면 인터뷰 결과를 토대로 조별로 서로의 조원들을 소개하는 시간을 갖는다.
- 한 조의 조원 소개가 모두 끝나면 가볍게 질의와 응답의 시간을 진행한다.

4 의미와 발견

첫 만남은 항상 설레면서도 조심스럽고 어색하다. 처음 보는 사람들 앞에 홀로 서서 자신을 소개하는 일도 여간 부담스러운 일이 아니다. 주제 인터뷰라는 형식으로 타인에게 처음으로 말을 건네며 자신을 자연스럽게 개방하는 과정을 통해 어색한 분위기를 없애고 소통을 시작하는 방법을 자연스럽게 체득하게 된다. 또한 조원들과 함께 무대에 서서 상호소개를 진행하며 혼자 무대에 설 때의 두려움과 떨림이 완화되는 것을 체감하며 '함께하는 작업의 의미와 즐거움'을 느낄 수 있다.

5 진행상의 유의점

- 인원이 많을 때는 인터뷰 및 발표 시간이 지나치게 길어지지 않도록 시간을 조율한다.

사 례

민정이네 조의 상호소개

1. 조원별 주제 설정
   - 민정: 꿈
   - 태훈: 감명 깊게 읽은 책
   - 진희: 좋아하는 음식
   - 윤수: 좋아하는 연예인
   - 민성: 여가시간 활용법

2. 자신의 주제로 조원들과 상호 인터뷰

3. 우리 조원에 대한 각자 소개
   - 민정: 안녕하세요, 저는 김민정입니다.
   - 태훈: 민정이가 감명 깊게 읽은 책은 『아프니까 청춘이다』 입니다.
     시험이 끝나고 방황하고 있을 때 큰 힘이 되어준 책이라고 하네요.
   - 진희: 민정이가 제일 좋아하는 음식은 커피입니다.
     요새 핸드드립 커피에 푹 빠져서 커피공부를 하고 있다고 해요.
   - 윤수: 민정이는 배우 김수현 씨의 열혈 팬입니다.
     드라마 '해를 품은 달'을 보며 그에게 푹 빠져버렸다고 하네요.
   - 민성: 민정이는 여가시간에 주로 영화를 본다고 합니다. 의외로 액션영화를 아주 좋아한다고 해요.
     최근에 가장 재미있게 본 영화는 '범죄와의 전쟁'이라고 합니다.
   - 민정: 저의 꿈은 드라마PD입니다. 드라마 '그들이 사는 세상'을 보며 너무 가슴이 뛰었어요.
     저도 그 드라마의 주인공처럼, 그들이 만든 드라마처럼 따뜻한 드라마를 만들어 사람들을 위로하고 싶어요. 여러분, 만나서 반갑습니다.

   이어서 태훈, 진희, 윤수, 민성도 같은 방식으로 소개

4. 민정이네 조원들의 상호소개가 끝나고, 소개를 듣고 궁금증이 발동한 청중들로부터 질문을 받기

3

자아 커뮤니케이션 나와 소통하기

01 나에 대해 명확히 아는 것이 시작이다

요즘 여러 제품의 광고를 보면 '나를 사랑하자'라거나 '내 생각대로 하면 된다'는 식으로 '나'를 강조하는 문구들을 자주 볼 수 있다. 이런 광고 카피copy 속에 나타내는 '나'는 나 스스로 찾은 것이 아니라, 외부의 기대에 맞춰서 인정을 받거나 정체가 밝혀지는 것이다. ○○○ 제품을 사거나, ○○○ 서비스를 누려야 '나를 사랑하는 것'이고, '내 생각대로 하는 것'이기 때문이다. 다시 말하면, 외부에서 소비하라고 하는 것을 얻지 못한다면 나는 없어지는 것이고 하찮아진다는 것을 의미한다.

미디어에서 뿐만이 아니다. 우리는 부모님이나 선생님, 친구 등 여러 사람들이 말하는 대로 살아가거나, 나를 규정해야 하는 경우가 많다. 이러한 과정 속에서 자기 내부에는 알게 모르게 불만이 쌓이게 되고 갈등을 빚게 된다. 왜 나를 가장 잘 아는 이가 나를 알아주지 않느냐고….

조승희 사건
2007년 4월 16일 오전 7시 15분 사이에서 9시 45분 사이, 재미 한국인 조승희에 의해 벌어진 미국 최악의 총기 살인사건. 이 사건으로 32명이 목숨을 잃었으며, 29명이 다쳤다. 조승희는 사건 직후 총기로 자신의 얼굴을 쏴 자살하였다.

반대로 너무나도 나 자신만을 살펴보느라고 주위를 살피지 못하고 꽉 막힌 사람들도 있다. 주변에서 이기적이라는 소리를 들으며 고립되는 사람들이다. 심각하면, 미국 버지니아텍Virginia Tech의 조승희 사건처럼 부모님이나 친구들과 소통하지 못하고 비디오게임 속에 묻혀 지내다가 학생들에게 총기를 난사하는 경우에까지 이르기도 한다. 사회생활을 전혀 하지 않고 가족과도 대면하려 하지 않는 은둔형 외톨이, 우울증에 빠져 아무에게도 고민을 토로하지 못하고 자살을 하는 사람 등…. 이렇게 개인주의가 팽배해져 가면서 병리적인 자기애 혹은 나르시시즘Narcissism이라고 알려진 심리적 특성이 만연되고, 이것이 다양한 사회적 문제로까지 확산하는 상황이다.

은둔형 외톨이
2005년 일본의 정신과 의사 사이토 다마키가 자신의 저서를 통해 최초로 소개하면서 등장한 말로 일본에서는 히키코모리라 불린다. 방이나 집 등의 특정 공간에서 나가지 못하거나 나가지 않는 사람과 그러한 현상 모두를 일컫는 증상이다.

여기에 나타난 두 가지의 상황, 즉 타인의 시선을 의식한 채 나 자신을 획득하거나, 타인의 존재를 전혀 인정하지 않으면서 자기의 존재만을 부각하는 상황을 보면 '나와의 진실한 소통'이 그 어느 때보다 소중하다는 생각을 하게 된다. 하지만 항상 우리 자신에 대해 의식만 하지 자신의 모습 그대로를 진지하게 고민해볼 기회는 얻지 못하곤 한다.

나르시시즘
자신의 외모, 능력과 같은 어떠한 이유를 들어 지나치게 자기 자신이 뛰어나다고 믿거나 아니면 사랑하는 자기중심적 성격이나 행동을 말한다. 물에 비친 자신의 모습에 반해서 물에 빠져 죽었다는 그리스 신화에 나오는 나르키소스의 이름을 따서 독일의 네케가 만든 용어이다.

여러 사회적 관계와 할 일 속에서 자신이 무엇을 원하는지를 찾는 것도 어렵다. 그러니 자신이 진정으로 원하는 나와 현재의 나의 모습이 일치하고 있는지 살펴볼 기회도 별로 없다. 위에서 말했듯이 우리는 수많은 사회적 관계를 통해 배우고, 타인의 기대를 충족하기 위해 노력하고, 다른 사람과 상호작용하는 과정에서 반응적으로 행동하기 때문이다. 이런 과정에서 의도치 않게 자신이 원하는 자기와 실제 자기의 모습의 차이가 벌어지게 되는데, 이것이 커질수록 내적 갈등은 심해진다. 이를 명확하게 하지 않으면 스트레스를 계속 받으면서 상당한 에너지를 소모하게 되고, 왠지 모르게 하는 것 없이 사는 게 힘이 들어진다. 자신을 돌아볼 때 인 것이다.

자신을 돌아볼 때, 가장 먼저 해봄 직한 일이 '명확히 하기'이다. 무엇인지 정체를 알아야, 이후에 판단을 내릴 수 있다. 나 자신의 생각과 감정을 명확히 하는 방법은 아주 다양하지만, 여기서 중요한 것은 커뮤니케이션을 통해 실체가 없는 자신의 여러 모습을 상징화하는 것이다. 즉, 보이지 않은 것을 구체적인 대상으로 만들어 내는 것이다. 이것은 나 자신에게 또 다른 새로운 의미를 발견하게 해주고 또렷이 각인시켜 준다. 그리고 다른 사람들에게 전달할 수 있는 매개체가 되어 준다. 이 과정을 통해서 우리는 자신에 대해서 새롭게 알거나, 더욱 잘 알 수 있게 된다.

'호모 커뮤니쿠스' 두 번째 단계인 자아 커뮤니케이션에서는 자신을 명확히 인식하기 위한 과정이 어떠하면 되고, 이 과정이 어떠한 의미를 가졌는지 다방면으로 생각해 보는 기회를 제공하고 있다. 결국 '명확히 하기'과정은 나와의 소통을 위한 하나의 시작점이라고 볼 수 있다. 나 자신을 명확히 할 수 있으면 힘들거나 중요한 선택의 시간에 그대로 좌절하거나 굴복하지 않고, 자신이 원하는 바대로 선택할 힘을 갖게 된다. 타인과 부딪히게 될 때 대처하는 요령을 갖게 되어 나를 보호할 수도 있고, 책임감 있게 그 어려움을 처리할 수도 있게 된다. 자신의 실제 행동이나 타인의 기대와 자신이 추구하고자 하는 가치가 다를 때, 그 차이를 조정함으로써 자신의 에너지를 한데 모을 수도 있다. 따라서 명확하게 자기를 인식하는 것은 내면의 힘을 가지려고 기초 체력을 기르는 것이다.

활동 GUIDE

02 가치 찾기

1 소개

이 프로그램은 자신의 가치를 구체적으로 인식하는 경험을 하기 위해서 실행한다. 나 자신에게 있어서 다른 무엇보다 중요하다고 생각하는 가치를 발견하는 것이 이 활동의 목적이라고 할 수 있다.

2 준비

1) 활동방식

가치에 해당하는 키워드를 선택하고 나열하여 우선순위를 정함

2) 준비물 가치 목록 시트부록 01, 226쪽, 접착식 메모지 소형, 전지, 매직

3) 진행시간 1시간 30분

3 실행

- 부록에 있는가치 목록을 참고하여, 중요하다고 생각되는 가치들을 모두 골라 접착식 메모지에 쓴다. 자신이 덧붙여도 좋음
- '매우 중요함, 중요함, 별로 중요하지 않음'으로 배열
- 별로 중요하지 않음은 빼버리고, 나머지 두 분류를 섞어서 다시 '매우 중요함, 중요함, 별로 중요하지 않음'으로 배열
- 10장 이하가 남을 때까지 반복한다.
- 짝과 함께 최고 5위에 든 가치를 실현하기 위해서 어떻게 살아야 할 것 같은지 이야기한다.

- 조원들의 최고 가치들을 적어보고, 이것이 왜 중요한지 소개해 준다. 가치를 정하는 과정과 타인의 가치관을 듣고 나서 어떤 느낌이 들었는지도 공유해 본다.

4 의미와 발견

이 활동은 알고는 있으나 모호해서 뚜렷하게 알아차리지 못했던 자신 안의 개념을 명확히 하려고 이뤄지는 것이다. 이 과정은 자기가치를 찾으려는 방법이지만, 우선순위를 선택해야 하는 일이 있을 때에도 적용해 볼 수 있는 커뮤니케이션 과정이다.

이 과정을 설명하면 이렇다.
첫째, 이름을 붙여 준다. 이 활동에서는 가치목록 카드가 이 역할을 한다. 이름은 창작이나 추가할 수 있다.

둘째, 선택한다. 수많은 가치 목록 중에서 자신에게 가깝다고 생각되는 가치를 뽑아내는 것이다. 선택하지 않고, 모든 정보를 한꺼번에 처리하려고 하면 과부하가 걸려서 지레 포기를 하게 되고 말 것이다.

셋째, 분류한다. 분류할 때는 정해진 기준이라는 것은 없고 각자가 가진 목표와 기준에 따라서 하면 된다. 다만 자신이 선택한 이름이 모두 포괄되면서, 분류된 것들 사이에는 모호하게 겹치는 것이 없도록 하면 된다.

넷째, 우선순위를 정한다. 이때 자신에게 충분히 솔직한지, 자신이 무엇을 좀더 추구하는지 생각해 보도록 한다. 다른 이름과 비교하거나 대조하는 방법을 통해서 우선순위를 정한다.

이러한 과정은 모호하고 와 닿지 않았던 추상적인 개념을 나의 의식으로 명확하고 구체적으로 가져올 수 있게 한다. 이를 통해서, 자신의 가치와 자신을 연결하고, 자신이 중요하다고 판단한 것을 추구해 나려면 어떠한 방법을 사용할지 능동적으로 선택할 수 있는 기회를 제공한다.

▲ 활동 포인트

- 이것저것 추구하고 싶은 욕심으로 많은 것을 한꺼번에 껴안고 있음을 받아들이게 된다. 각각의 가치는 모두 소중한 것이지만, 그중에서도 중요한 것이 무엇인지 정리하는 것이 유용하다는 것을 깨닫게 된다. 이때 가치 하나하나를 꺼내서 비교하고 판단하는 과정은 우선순위를 정하는 것을 더욱 수월하게 해 준다.

- 가치를 발견하고 나면, 자신의 생각 속에 있는 가치와 실제 행동에 차이가 있다는 것을 발견할 수 있다. 예를 들어 '가족'을 상위 가치로 설정했지만, 가족을 위해서 별 행동을 하지 않는 자신을 발견할 수 있는 것이다. 따라서 자신의 행동을 돌아볼 수 있는 계기가 마련된다. 하지만 이러한 차이를 이상하게 바라볼 필요는 없다. '이러한 차이는 왜 생

긴 것일까, 내가 다르게 행동했던 것은 어떤 이유 때문이었을까, 나는 그래서 어떠한 방향으로 나아가고 싶은 것인가?' 등등을 나 자신에게 물어볼 수 있는 시초로 삼으면 된다.

- 자신의 선택이 오로지 자신의 것만은 아니라는 것을 생각하게 된다. 참여 한 학생 중에는, 남들에게 그럴듯하게 보일만한 가치가 무엇인지 생각해 상위로 올리게 된다고 말하기도 했다. 우리는 관계적인 존재이기 때문에, 자신의 생각에 타인의 목소리를 포함하게 되는 것이다. 이때, 오로지 자신의 목소리만을 따라가야 한다고 주장하기보다는, 그러한 타인의 목소리가 자신에게 어떻게 받아들여지는지, 그 목소리와 내 생각의 차이가 얼마나 큰지에 대해서 생각해 볼 기회를 제공하는 것이 더욱 좋을 것이다.

- 다른 사람들의 가치를 보면 사람들이 서로 다양하다는 것을 확인할 수 있다. 서로 다른 가치를 선택하는 것뿐 아니라, 같은 가치를 선택해도 그 이유가 모두 다르다. 이러한 차이가 서로 대립하게 되었을 때, 꽤 심각해 질 수 있다는 것도 느끼게 된다. 하지만 명확히 하는 과정을 통해 정체를 발견해야, 서로 대립할 것인지, 받아들일 것인지, 이해할 것인지 결정할 수 있다.

5 진행상 유의점

- 가치목록에 있는 이름을 바꾸거나 추가할 수 있도록 허용한다.
- 가치목록 중에는 명확히 분리되지 않은 개념이 많다는 것을 알고 있어야 한다. 스스로 그 의미를 붙여보도록 독려한다.

Mandy Kotzman · Anne Kotzman(2008). 『Listen to me, listen to you: A step-by-step guide to communication skills tranining』 ACER Press.
'활동방식과 가치목록' 참조

가치 순서 정하기

사실 요즘 들어서 내 인생관은 무엇인지, 내가 어떤 가치를 추구하며 살아가는지에 대한 확신이 점점 더 옅어져 가고 있었다. 사춘기 시절에 내가 형성했다고 하는 내 자아 정체성은 도대체 어디로 간 것인지, 돌이켜보면 나는 그냥저냥 하루하루를 보냈던 것 같다.

변명일 뿐일 수도 있으나 아무래도 바쁜 학업과 취업 준비에 치이는 대학생이라면, 대부분은 나 같지 않을까 한다. 솔직한 말로 지금 우리 시기에는 좋은 학점과 안정적인 취업이 가장 큰 가치이지 않을까. 매우 현실적이고 세속적인 말이겠지만 이를 부정할 수는 없는 것 같아 씁쓸할 뿐이다.

내가 택한 가치, 가족부터 시작해서 사랑, 우정, 건강, 의리 등등. 누군가는 연결성을 꼽았고 누군가는 열정을 꼽았으며 또 누군가는 성性을 꼽기도 했다. 무엇이 더 나은 가치라고 말할 수는 없을 것이다. 내가 이 순서를 정했다고 해서, 나 역시도 이 가치들이 본질적으로 순서가 있다고 생각하지는 않는다. 다만 나에게 개인적으로 조금 더 중요하고 덜 중요한 것일 뿐. 여기 모인 우리 대학생들은 이 시간만큼은 미래에 대한 걱정을 덜고, 취업이라는 아주 세속적인 가치를 잠시 내려두고 각자의 진정하고 위대한 가치를 꼽았다. 무엇이 중요하다고 순서조차 매길 수 없는 가치들을 감히 순서까지 매겨가면서.

취업 이후에, 뭐 취업이 아니더라도 여기 모인 우리가 현실을 어느 정도 이겨내고 각자의 행복한 삶을 영위할 수 있을 때, 지금 여기서 우리가 각자 꼽은 이 가치들에 걸맞은 삶을 살고 있기를 바란다. 아니 최소한, 더 큰 현실의 벽에 부딪혀 힘들어 하더라도 지금 어린 패기에 선택한 우리의 가치들을 가슴으로는 잊지 않았으면 한다.

활동 GUIDE

03 단점·장점 바꾸기

1 소개

자신에 대한 부정적인 느낌, 단점이나 약점이라고 생각되는 점에 대해 솔직하게 이야기하고, 불편한 감정을 그대로 받아들여 결국에는 떠나보내는 과정이다. 그동안 한쪽의 시각에서만 바라보았던 자신의 상태를 보다 다양한 관점으로 바라볼 기회를 가져, 보다 자신에 대해 명확하고 다양하게 알 수 있도록 한다.

2 준비

1) 활동방식

자신의 싫은 점을 키워드로 적고, 이에 대해 함께 이야기하기

2) 준비물 접착식 메모지 소형, 비닐봉지나 작은 통, 전지, 매직

3) 진행시간 1시간

3 실행

- 자신의 싫은 점 중에서 가장 버리고 싶은 것 하나를 선택하여, 무기명으로 접착식 메모지에 적는다.
- 이 종이를 중앙에 있는 통에 넣는다.
- 통에 넣은 종이를 하나씩 꺼내, 종이에 적힌 나쁜 점에 대해서 이야기해본다.
- 이야기를 하는 과정에서 자신의 단점이라고 생각하는 것들을 가져온다실제 자신의 단점일 필요는 없다. 가장 공감되는 것을 가져온다.

- 자신이 가져온 단점을 좋은 점으로 어떻게 표현할 수 있는지 같이 궁리해 본다.
- 나쁜 점이 어떻게 좋은 점으로 바뀌었는지 정리해서 발표한다.
- 진행 과정에서의 느낌이나 개인적인 생각을 공유한다.

4 의미와 발견

모든 사람들은 자신이 완벽하다고 생각하지 않는다. 완벽해야 한다, 완벽하고 싶다는 생각을 할지는 몰라도 가슴 깊은 곳에서는 자신의 약점과 단점에 대해 잘 알고 있다. 인간이 가진 한계를 다들 느끼며 살아가게 되기 때문일 것이다.

그런데 모두가 그러한 한계를 똑같이 받아들이지는 않는다. 어떤 사람은 자신의 약점을 감당할 수 있는 것, 괜찮은 것이라고 자신에게 이야기한다. 어떤 사람은 그것밖에 못하느냐고 자신을 질책한다. 물론 많은 사람들은 질책보다는 긍정적인 시선으로 자신을 바라보아야 한다고 가르쳐 준다. 실수는 실패의 어머니고, '컵에 물이 반이나 있네'라고 생각해야 한다고 말한다. 그런데 생각의 전환이 말처럼 쉽게 되지 않는다는 것도 알고 있다.

이때 생각만을 동원하는 것이 아니라, 공감과 체험으로 생각의 전환을 가져오는 것은 어떨까. 인지심리학에서는 생각, 기분, 행동, 신체반응, 환경 등 5가지의 삶의 영역이 있다고 했다. 그리고 이것은 서로 연결되어 있어, 한쪽이 움직이면 다른 요소들도 함께 변화를 겪게 된다고 한다. 생각이 바뀌면 감정, 행동, 그리고 사회적 환경까지도 바뀔 수 있는데, 시작점이 다른 것이어도 된다. 감정이 바뀌면 생각도 달라지고, 행동이 바뀌면 사회적 행동도 달라지게 된다는 것이다.

따라서 다른 사람과의 대화를 통해 새로운 생각을 얻고 감정을 동시에 느끼면서 공감을, 자신의 단점을 종이에 쓰고 말하고 그 종이를 버리는 행동을 통해 체험하는 방식은 생각만을 동원했을 때보다 더 효과적이다.

이러한 과정을 통해서 '단점'이라는 하나의 관점으로 고착화해 바라봤던 것을 진심으로 다른 시각에서 바라볼 수 있는 여유를 갖게 된다. 그리고 이렇게 하나의 현상을 다른 사람들과 대화하면 하나의 현상이 수없이 재해석 되며, 불편했던 것이 더는 문제가 되지 않는 상태에 이르게 된다는 것도 경험할 수 있다.

▲ 활동 포인트

1. 성격이 급해서 문제다	→	일을 시작하고, 신속하게 끝내게 해 준다. 추진성이 있다. 일을 먼저 해서 다른 사람들을 편하게 해 준다.
행동으로 옮기는데 시간이 오래 걸린다	→	최선의 선택을 하려고 고민을 많이 한다. 신중하다.
2. 남을 너무 의식해 하고 싶은 일을 못한다	→	호텔리어를 꿈꾸는데, 미래의 고객에게 더욱 잘 반응할 수 있게 된다.
하기 싫은 일은 하지 않으려 한다	→	자기가 하고 싶은 일에 더욱 매진해 전문성을 살릴 수 있다.

이것은 단점을 장점으로 전환한 예시이다. '성격이 급하다'는 장점은 '추

진력 있다'는 것으로, '행동을 늦게 한다'는 것은 '신중하다는 것'으로 전환이 된다. 내가 바라보는 하나의 관점이 다른 식으로 표현될 수 있다는 것을 알 수 있다.

- 1과 2의 예시를 보면, 한 사람의 단점과 반대되는 것이 다른 사람의 단점이라는 것을 알 수 있다. '성격이 급하다 ↔ 행동하는데 시간이 많이 걸린다', '남을 너무 의식해 하고 싶은 것을 못한다 ↔ 하기 싫은 건 안 한다.'

- 그러니까 사람마다 보는 시각이 다른 것이다. 내가 생각했을 때 단점이기 때문에 싫다고 판단 내리기 어렵다는 것이다. 다른 사람들은 전혀 그렇게 생각하지 않는 경우가 너무나 많다. 그러니까 '좋다, 나쁘다'라고 내 쪽에서 평가하기보다는 '그런 상태구나'라고만 파악하면 좋을 것이다. 그리고 단점을 절대적이거나 극단적인 것으로 보는 것이 아니라, 사람마다 정도의 차이를 가지고 있을 뿐이라고 여기면 좋을 것이다. 정도의 차이를 조절하면 적당한 수준을 찾을 수 있을지도 모른다.

- 자신을 인정하는 것 자체가 행동을 변화시킬 수도 있다. 대부분 단점에 대한 해결책이라고 하면, 구체적으로 무언가를 제시해 주는 것이라고 생각할 수 있다. 단적으로 '잠을 많이 잔다'는 것이 단점이면, '자명종 시계를 바꿔라', '방의 실내 분위기를 바꿔라' 하는 식의 레시피가 제공되는

경우가 많다. 그러나 이런 처방 없이도 단순히 단점을 장점으로 전환하는 것만으로 단점을 인정하게 되어 좀더 신경 써서 조절하게 되고, 이것이 행동으로 옮겨지게 된다.

- 표현에 따라서 기분이 달라지기도 한다. 누군가에게 단점에 대해서만 이야기를 했다면 계속 우울한 기분을 갖게 되었을 것이다. 하지만 형식적으로라도 단점을 좋은 점으로 바꾸니까 좋은 기분으로 바뀌게 된다. 분위기도 화사하게 변한다. 사실은 똑같은 현상에 대해서 말하는 것인데 말이다. 우리는 선택을 할 수 있다. 이 두 가지의 생각과 말을 선택하는 것은 각자의 자유이다.

- 나쁜 감정을 없애야만 하는 것일까? 실제로 이 활동에서는 다른 사람들과 함께 있으니 전환이 쉽게 잘 되었지만, 일상에서 혼자만의 생각에 잠겨 있다 보면 전환이 그리 쉽게 되지만은 않는다. 단점을 혼자 생각하다 보면 불편한 느낌, 나쁜 느낌, 상한 느낌 등 온갖 부정적인 감정에 휩싸일 수도 있다. 이것을 좋은 쪽으로 생각해서 잘라버리기보다는, 그 자체를 바라볼 수 있는 용기를 갖는 것이 중요하다. 이 과정에서 느껴지는 나약함, 무력함 등은 나 자신이나 타인의 공감을 통해서 더욱 쉽게 받아들여 질 수 있다는 것을 기억하면서.

- 그러면 왜 우리는 끊임없이 단점에 대해 생각하게 될까? 실제로 자신에게 특정한 측면이 나쁜 결과를 가져왔기 때문에 이러한 판단을 하는 것일 테다. 이러한 불편한 느낌은 자신이 원하지만 채워지지 않은 부분이 있어서 그런 것이다. '많은 일을 하고 싶다'는 것과 '완벽하게 하고 싶다'는 것은 서로 상충한다. 이 모두를 이루고 싶지만, 한쪽이 채워지지 않기 때문에 단점이라고 인식할 수도 있다. 이면에 채워지지 않은 것들이 무엇이었는지 생각해 보는 시간을 갖는 것이 좋겠다. 그리고 이면의 것을 무심하게 놔두거나, 숨기지 말고 밖으로 드러내도록 하면 받아들이기가 더욱 쉬워질 것이다.

5 진행상 유의점

- 단점을 장점으로 전환하는 것에 너무 많은 초점을 두지 말아야 한다. 전환 과정의 특성과 시각의 양면성에 대해 중점을 두어야 한다.
- 단점을 고쳐야 한다고 말하기보다는, 단점과 그때 느껴지는 부정적인 감정까지도 받아들일 수 있도록 도와주고, 공감하는 말을 많이 해준다.
- 이 과정에서는 서로에 대해서 상대적으로 깊게 알아갈 수 있는 기회를 제공하지 않는다. 그것은 '아주 특별한 인터뷰'라는 활동에서 진행될 것이기 때문에, 이후 프로그램을 진행한다면 리뷰를 할 때 언급을 해 주는 것이 좋다.

단점·장점 만들기

다른 게 힘들었던 것이 아니다. 이래저래 아무리 생각해봐도 단점이 없는 사람이어서가 아니라, 단점이 너무 많아서 딱 하나를 고르기가 제일 어려웠다. 내가 부정적인 사고방식을 가져서 그렇다고는 전혀 생각하지 않는다.

누구나 그렇지 않을까? 손톱을 물어뜯는다거나 다리를 살살 떠는 작은 버릇에서부터, 술버릇이 매우 고약하다거나 낭비벽이 심하다는 등의 꽤 큰 고민거리가 될 수 있는 것들까지. 물론 손톱을 물어뜯는 것을 어떻게 해야 할지 고민하지는 않겠지만, 누구나 다 '단 하나'만의 단점은 가지지 않을 것이라는 말이다. 그 많은 것 중 가장 나를 힘들게 하고, 남을 힘들게 하고, 시급한 수정이나 개선을 요구하는 것을 고른다는 게 결코 쉬운 일은 아니었다는 것이다.

어쨌든 '단 하나'만을 골라야 한다고 하니 난 마치 '단 하나'의 단점밖에 없는 사람처럼 그게 내 단점의 전부인 양 조원들에게 털어놓았고, 조원들은 아주 놀라운 능력을 발휘해 그것을 대단히 멋진 장점으로 승화시켜 주었다. 말이라는 것이 하기 나름이구나. 이건 바꿔 생각해 본 것이 아니라 그냥 바꿔 말하니 그렇게 되는 것 같다. 어떻게 욱하는 성격이 스트레스 안 받아서 좋겠다는 결론이 나오는지…,

단점과 장점이라는 것은 반대급부의 개념이다. 그러니까 이렇게 생각해 보면 될 것 같다. 게으른 것이 단점이라면, 그것은 여유롭다는 장점이 있는 것이다. 반대로 생각해 보니 나와 우리 조원과 우리 구성원 모두는 하나씩의 큰 장점을 더 획득하게 되었다. 살면서 장점 하나하나 늘려가기가 쉽지만은 않을 텐데, 우리는 모두 오늘 큰 수확을 하나씩 거두고 돌아갔다.

활동 GUIDE

04 아주 특별한 인터뷰

1 소개

타인과의 적극적인 대화를 통해 나 자신의 긍정적인 측면을 발견하고, 상대방에게 들은 내용을 나 자신에 되비쳐 의미를 발견하는 활동이다.

2 준비

1) **활동방식**

제시된 인터뷰 질문을 토대로 인터뷰를 진행한 하고 나서, 듣게 된 상대의 이야기를 제시된 질문에 비추어 정리한다.

2) **준비물** 인터뷰 질문지부록 02, 231쪽, 전지, 매직

3) **진행시간** 1시간 30분

3 실행

- 짝에게 다음의 질문을 던진다.
  ① 자신이 무언가를 가장 잘했다고 생각될 때
  ② 자신이 가장 살아있다고 느낄 때
  ③ 시간이 가는 줄 모르고 몰입할 때
  ④ 자신이 하고자 하는 것을 잘하는 사람의 예시
  ⑤ 자신의 한계를 방해하는 것이 아무것도 없었을 때의 자신의 모습 등

- 짝은 인터뷰를 듣고
  ① 인용할 만한 말이나 가장 기억에 남는 에피소드
  ② 인터뷰 내용을 듣고 배울 수 있었거나 깨달았던 것
  ③ 인터뷰 내용을 전체적으로 포괄할 수 있는 말 등을 메모한다.
- 이를 조원들에게 소개해 주고, 이에 대해서 조원들과 이야기 해 본다. 어떤 느낌이 들었는지, 무엇을 알 수 있었는지, 배울 수 있었던 것은?
- 모든 조원의 인터뷰 내용을 종합해서, 다른 조원들에게 소개해 주고 싶은 인상적인 경험이나 말, 그리고 조원들의 이야기의 공통점이나 하나의 주제가 있다면 정리해서 말하고, 그 이유에 대해서 발표한다.

4 의미와 발견

이 활동의 흐름은 이렇다.

질문을 던진다. 이 질문에 대한 답으로 자기 이야기를 한다. 여기서 나온 이러저러한 말을 듣는다. 상대에게 들었던 내용을 정리한다. 이것을 원래의 이야기 주인을 비롯하여 다른 사람들과 공유한다.

이러한 과정은 언어라는 도구를 가지고 의미 있는 무언가를 만들어 내기 위한 과정을 따르고 있다. 즉, 자료 창출 및 수집, 일련의 기준에 따라 배치 및 정리, 연관성 맺기, 타인에게 전달하기 등이다. 이 과정 역시도 흩어져 있던 여러 정보를 모아 보다 명확하게 만드는 과정 중의 하나이다.

여기에 몇 가지 주목할 만한 특색이 있다.

첫째, 이 과정은 인터뷰라는 대화 방식을 가지고 있다. 말을 주고받는 과정은 여러 가지 이야기를 끌어내고, 서로 반응해 줄 수 있도록 해 준다. 혼자 자문자답했을 때는 풀리지 않는 답들이 많다. 하지만 상대방에게서 질문을 듣게 되면 좀 더 많은 자극을 받게 되고 상대방으로부터 지지를 받을 수도 있게 되어, 더욱 다양한 답을 생각해 낼 수 있게 된다.

둘째, 긍정적인 질문으로 시작한다. 우리는 흔히 편파적이거나 한쪽으로 치우치는 언어를 사용해서는 안 된다고 배웠다. 그래서 자신에 대한 실체와 진실을 찾으려면 긍정적인 쪽과 부정적인 쪽을 모두 포괄하는 질문을 해야 한다고 생각할지 모른다. 하지만 중립적인 질문이나, 특히 부정적인 질문은 사람들의 마음과 말문을 막아 버리는 역할을 한다. 반대로 긍정적인 질문은 방어벽을 치지 않고 쉽게 이야기를 틔울 수 있도록 해 준다. 특히, 모든 한계를 뛰어넘을 때를 생각해 보는 '마법의 질문'은 교착 상태를 뚫고 대화와 생각의 범위를 넓혀주기 위해 많이 사용되고 있다. 사실을 왜곡하고자 하는 의도가 아니라, 생각을 틔우고자 긍정적으로 편향된 언어를 쓰는 것이다.

셋째, 리뷰 시트를 작성하도록 했다. 이것은 상대의 이야기를 명확히 정리하고 나와의 연계성을 찾으면서 의미화할 수 있도록 도와주기 위해서다. 이 과정에서는 대화하는 과정도 중요하지만, 스스로 여러 이야기를 정리해 보는 것도 못지않게 중요하다. 리뷰 시트를 작성하기 위해서라도 상대의 이야기를 좀 더 적극적으로 듣게 되며, 여러 이야기를 각 질문 밑에 배치해 정리하면서 자신과의 연관성을 찾을 수 있게 되기 때문이다. 이 과정이 없다면, 학생들은 그저 '느낌이 좋은 경험이었다', '서로와의 사이가 좋아졌다'는 것에 만족할 뿐이며, 이 과정을 통해서 자신을 돌아보고 자신을 명확히 하는 경험은 할 수 없을 것이다.

마지막으로, 주제를 만들어 여러 사람과 공유한다. 상대방의 이야기를 명확히 듣는 것으로 그치는 것이 아니라, 내가 들은 여러 가지 내용을 다수 사람에게 효과적으로 전달하기 위한 과정이다. 이를 위해서는 각자의 이야기를 다시 한 번 통합해 정리해야 한다. 이 통합 과정에서 개인의 구체적인 이야기는 추상적인 수준으로 변환된다. 특수한 이야기를 모두 포괄하되, 여러 사람도 공감할 수 있게 해야 한다. 시간이나 공간상의 제약도 고려해야 하기도 한다. 아주 구체적인 이야기를 추상적인 주제로 끌어내는 과정에서 여러 창의적인 아이디어를 교류하게 되어 또 다른 차원의 의미를 만들어 내는 기회를 가진다.

▲활동 포인트

질문을 받으면 생각이 확장된다. 압박이나 의무를 벗어 던지고 내가 진짜

원하는 것이 무엇인지 편안하게 이야기를 할 수 있게 된다. 게다가 장점을 이야기 하라고 만들어 놓은 판이니 나를 이상하게 보지는 않을까 눈치를 보지 않아도 된다. 우리나라 문화에서 대놓고 자랑을 하는 것은 어느 정도 금기시되는 부분이 있다. 그래서 나쁜 상황, 힘든 일에 대해서만 다른 사람들과 이야기를 자주 나누게 된다. 하지만 좋은 면에 대해서도 쉽고 편하게 이야기할 수 있는 기회를 가질 수 있다. 이렇게 기분 좋은 감정을 나누게 되면, 자연스럽게 '무장해제'를 하게 된다. 서로에 대해 다가서고, 경계심을 허물 수 있다. 그러다 보면, 좀더 깊은 이야기를 하게 된다. 지금의 현재 모습만을 보는 것이 아니라, '어떻게 살아왔고, 앞으로 어떻게 살아갈지'에 대해서 대략적으로나마 알 수 있게 된다.

이러한 대화에서 들은 내용을 정리하면 상대의 이야기를 확실하게 파악할 수 있게 된다. 그러면서 자신에게 더 와 닿게 된다. 자기 이야기를 하는 과정은 두서가 없다. 흐름도 예상하기 어렵다. 그러나 중구난방 퍼져 있던 생각들을 정리하면서 들으면 하나로 모이고 의미 부여가 된다. 그냥 이야기를 흘려보내는 것이 아니라, 초점을 포착하게 되고, 이로써 인터뷰의 방향도 잡아보게 되고, 전체적인 핵심을 파악하게 된다. 그리고 나와의 연관성도 찾을 수 있게 된다. 상대의 이야기를 나의 한 부분으로 되돌아 볼 수도 있는 계기가 되기 때문이다. 아래의 말은 실제 워크숍에 참여했던 학생의 말을 생생하게 담은 것이다.

> "정리하는 과정을 통해서, 다른 사람들의 말을 듣기만 했을 때는… 아 그렇구나…, 했을 텐데…. 정리를 하면서 내면화가 되었어요. 근호 오빠의 경우에는 수영을 다니시는데, 수영장에서 할머니가 수영을 그렇게 잘하신데요. 오빠보다 더 잘하신대요. 오빠는 20대고, 그분은 70이 넘으셨는데. 25미터를 쉬지 않고 다니시는데, 그 열정이 정말 존경스럽다고 이야기 하더라구요. 단순히 인터뷰만 했을 때는, '할머니들이 수영을 잘하시는구나' 했을 텐데. 저 같은 경우에는 여기 정리를 했을 때 '가장 기억에 남는 에피소드가 무엇이었는가?' 라고 했을 때, 그 수

> 영장 할머니를 적었거든요. 저도 그 수영장 할머니의 부지런한 열정과 부지런함을 닮고 싶어지고…, 그런 식으로 정리하는 과정에서 타인의 경험이지만 저한테도 내면화가 되면서 저도 많이 배울 수 있게 된 것 같아요."

마지막으로 여러 사람에게 의미를 전달하기 위해서 또 한 번의 의미화 작업을 하게 된다. 이 과정에서는 창의력이 많이 필요하다. 혼자 이야기를 할 때는 별생각 없이 자연스럽게 이야기를 할 수 있었지만, 여러 이야기를 취합할 때는 색다른 아이디어가 필요해졌다. 내용 중 일부는 선택되고, 그에 따라 탈락하는 것도 있었다. 무엇을 선택하느냐의 문제서부터, 이를 말로 정리하는 과정에서 나 자신을 사회적 맥락에서 포괄적으로 볼 수 있게 된다.

아래는 여러 사람에게 인터뷰를 공유하기 위해 의미화한 하나의 예시이다.

> **일탈을 꿈꾸는 자와 돌아오려는 자**
> — 기회가 있으면 돌아다니는 것을 좋아하는 사람과 자기 절제를 보이며 성실하게 지내려는 사람
>
> **만족하려는 자와 인정받으려는 자**
> — 무언가를 잘했다는 것은 성취한 것인데, 그 성취를 자기의 만족으로 얻느냐, 타인의 인정으로 얻느냐가 나뉘었다.
>
> **가능성을 즐기는 자와 불가능성을 즐기는 자**
> — 가능성을 즐기는 자는 한계를 가지지 않을 때 하고 싶은 것을 한다고 말했고, 불가능성을 즐기는 자는 한계가 없으면 인생이 나태해지고 재미가 없을 것이기 때문에, 한계가 있음으로써 내가 할 일이 생기고 거기에서 의무와 성실이 생기기 때문에 불가능성을 즐기겠다고 했다.

이것은 '아주 특별한 인터뷰' 활동에서 나온 조원들의 이야기를 정리한 것으로, 여러 사람의 개별적인 에피소드들을 모으고, 새롭게 제목을 붙여 하나의 발표문으로 만든 것이다.

우리는 지금 이 시대에서 정말 많은 정보를 가지고 살아가게 된다. 대화도 많이 하게 된다. 하지만 열린 대화, 공감하는 대화는 좀처럼 하기 어렵다. 더욱 적극적인 소통이 필요하기 때문이다. 단순히 상대의 말을 알아듣거나 감정을 같이 느끼는 것에 그치지 말고, 여기에서 의미를 찾을 수 있으면 하는 바람이다.

5 진행상 유의점

- 인터뷰 질문지에 얽매이지 않아도 좋다고 말을 해 준다. 질문지의 내용이 긍정적인 쪽으로 방향이 잡혀 있기 때문에 여기에만 빠져들 수가 있다. 이 질문은 생각을 틔우려는 것이며, 특정 의도나 정답이 없음을 이야기해준다. 이야기의 흐름이 바뀌면, 흐르는 대로 반응해도 좋다고 말해준다. 자신이 새로운 문항을 만들어도 좋다.
- 질문에 대한 답을 미리 예상하지 말고, 상대의 이야기를 그대로 들어 보라고 독려해 준다. 어쩔 수 없이 생각의 흐름이 자신의 생각으로 빠져든다면, 자신이 예상한 방향이 있고 그 방향으로 상대의 답을 유도해 내려고 한다는 것을 받아들이도록 해준다.

아주 특별한 인터뷰

솔직히 말하면 나뿐만 아니라 우리 조원 모두가 이 프로그램의 취지와 진행방법을 정확하게 이해하지 못해서 우리는 그냥 우리끼리 이야기한 꼴이 되어버렸다. 그렇다고 아예 다른 짓거리를 했다는 것은 아니다. 적어도 제시된 질문지대로는 질문하고 답했으니까.

그러니까 우리는, 조원들끼리 서로서로 언제가 가장 자기 인생에서 빛나는 때였는지, 자신은 그때 무엇을 잘했는지, 그리고 그것에 얼마만큼 만족하는지를 알아냈다. 이런 이야기와 이런 분위기. 어디선가 많이 접해본 것 같은데…, 술자리, 술자리였다. 알딸딸하니 기분 좋게 취기가 오른 상태면, 우리는 자기 자랑을 하기 시작하고 예전에 자기가 어마어마했던 스토리를 강조하기 시작한다. 그래서 군필 남성들이 모여 술만 마시면 그렇게 군대 이야기를 해대나 보다. 마치 자기가 근무했던 부대가 세상에서 둘도 없이 힘들었던 곳인 마냥. 이건 여담이지만 군필자들 이야기 들어보면 '해병대+UDT+특전사=자기가 복무한 부대' 라는 공식이 성립된다.

우리도 그런 기분으로 이야기했다. 물론 우리는 배려심이 깊은 교양 있는 대학생들이기에, 여학생 조원이 있었던 관계로 군대 이야기는 전혀 꺼내지도 않았다. 술자리와 다른 것이 있다면 술만 없었을 뿐이었다. 그렇다고 마치 '해병대+UDT+특전사=자기가 복무한 부대' 이 공식처럼 우리의 지난 추억을 과장하고 왜곡했다는 것은 절대 아니다. 아, 재미를 위해 조금 첨가한 부분은 있을 수도 있겠다.

우리는 아직 젊다. 그래서 매우 짧은 삶을 되돌아보는 것이었지만, 그 짧은 삶 안에도 충분한 양의 기쁨과 행복도 있었고, 그만큼 고난과 역경도 있었다. 사랑도 있었고 아픔도 있었고…, 술자리가 아니라면, 술기운이 아니라면 나는 내 자랑이나 이런 것은 도저히 얼굴이 뜨거워져서 못한다. 그래서 어디 가서 이야기해도 나쁜 일에 대한 이야기나 더 많이 하지 이런 기회는 거의 없다. 참 좋은 기회였던 것이, 말로 하고 나니 그 당시의 기억과 내 감정이 다시 한 번 정리되어 또다시 기억이 된다. 이래서 나쁜 일에 대한 기억이 더 오래 가는 것이었을까. 이래서 군 복무 시절의 추억은 도저히 잊지 못하는 것이었을까. 좋은 일이 있다면, 그것을 자주자주 말하고 되새기는 것도 오래 기억하는 좋은 방법이 될 수도 있겠다.

활동 GUIDE

05 목표를 일깨우는 문장

1 소개

이 활동은 삶에서 성취하고자 하는 목표를 명확히 하려고 이뤄진다. 이를 통해서 앞으로 삶의 방향을 결정하는데 기준점을 마련하고, 다양한 갈등 상황에서 자신의 뜻을 명확히 하는데 도움이 되도록 한다. 사람들 사이의 차이가 존재한다는 것 또한 느낄 수 있도록 해 준다.

2 준비

1) **활동방식**

자신이 원하는 삶을 자유롭게 생각하고 이것 중에서 우선순위를 정해 멋있는 문장으로 만들어 본다.

2) **준비물** 접착식 메모지 혹은 스터디 카드, 전지, 매직

3) **진행시간** 30분

3 실행

- 자신이 원하는 삶과 하고 싶은 것을 생각나는 대로 나열해 본다.
- 하고 싶은 것이 많을 때는, 나열한 것을 정말 하고 싶은 것과 그냥 하고 싶은 것으로 나눈다.
- 그중에서 그냥 하고 싶은 것은 버리고, 정말 하고 싶은 것끼리 모아서 정말로 버릴 수 없는 것 몇 가지를 선택한다.
- 이를 정리해서 자신의 목표문을 만들어 본다.

"나의 목표는 OOO이다"

- 다음의 질문을 해보자.
  ① 이 말이 정말 자신과 상관이 있으며 연결이 되어 있다는 느낌이 드는가?
  ② 이 목표를 이루면 정말로 기쁠 것 같은가?
  ③ 목표를 이루기가 쉬운가? 불가능한 것인가?
  ④ 중복되거나 빠진 것은 없는가?
  ⑤ 더 정확히 표현할 수 있는 말은 없는가?

완성이 되면 조원들과 공유해 보자. 잘되지 않은 것이 있다면 조언을 얻어서 완성해 보자.

- 완성이 되었다면, 접착식 메모지에 자신의 목표를 일깨우는 문장을 쓰고 조원들에게 소개해 준다.
- 보드에 붙이고, 다른 조원들도 볼 수 있도록 한다.
- 목표문을 정하면서 느꼈고, 알 수 있었던 것이 무엇이었는지 공유한다.

매 순간마다 내가 원하는 것이 무엇인지 점검해 목표를 정해두는 것이 좋다. 물론 한 번 정해둔 것이 평생 이어지는 것은 아닐 것이다. 어떤 목표는 평생 지켜가는 것일 수도 있겠지만, 자신이 정말 원하는 것이 무엇인지를 밝혀 나가는 과정에서 유연하게 바뀔 수 있는 것이다. 중요한 것은 자신이 하고 싶은 일이 무엇인지에 대해서 항상 물어보고, 확인을 하면서 인식을 할 수 있어야 하고, 이러한 인식을 바탕으로 해서 목표를 설정해야 한다.

우리는 다른 사람들의 목소리에 의해서 자신의 목표를 설정하기도 한다. 상황에 맞춰서 목표를 바꾸고, 그에 따라 자신이 하고 싶지도 않은 일을 하고 싶은 것처럼 하다가 우울증에 빠지기도 한다. 특히 힘들거나 좌절하거나 갈등 상황에 빠졌을 때, 쉽게 무너져 버리게 된다. 이럴 때에 기준점이 될 수 있는 것이 바로 목표다.

내가 원하는 목표를 정한다고 해서 언제나 내가 하고 싶은 일을 당장 할 수 있게 되는 것은 아니다. 하지만 그래도 내 꿈에 근접한 방향으로 가게 되는 판단과 행동을 하게 될 것이다. 그리고 그러한 행동들이 모인 다음에야 실현도 될 것이다. 그런데 남이 알려준 목표를 위해서 달려가기만 해서, 내가 원하는 것의 근처에도 못 가본다면 얼마나 억울할까.

이런 점에서 목표를 명확히 세워야 한다. 나한테 와 닿는 것으로.

▲활동 포인트

모든 사람의 목표는 비슷한 것 같지만 각기 다른 색채를 가지고 있다.

그리고 이러한 목표는 희망을 품고 있다. 재미있는 목표도 있었는데, '우주여행'이라는 목표에서부터 '떠날 수 있을 때 떠나는 사람이 되고 싶다'고 하기도 하고, 중국 학생은 '중한 우호에 이바지하고 싶다'는 것까지 있었다.

어쩌면 이러한 문장들이 그다지 특출나게 여겨지지 않을 것이다. 하지만 여기에 제시된 목표들은 자신의 이야기에서 발견된 것을 근거로 두었기 때문에, 유머러스한 목표문이라고 해도 각자에게 관계성과 의미를 가지고 있다.

— 목표문의 예

- 좋아하는 것을 열심히 사랑하자.
- 건강하자—정신적, 신체적으로
- 내가 사랑하면서 행복감을 느끼겠다.
- 늘 겸손하며 성장하는 사람이 되겠다.
- 가족들과 친구들과 같이 즐겁게 자유롭게 지내면서, 자신의 가치를 실현할 수 있는 사람이 되겠다.
- 많은 부를 만들 수 있고, 다른 사람을 도울 수 있는 사람이 되겠다.
- 어떠한 상황에 부닥치더라도 희망을 잃지 않겠다.
- 자기를 알고 재미를 추구하며 도전한다.
- 수동적인 사람보다는 능동적인 사람이 되어서 다른 사람들에게 긍정적인 영향을 미치도록 하겠다.
- 내면의 에너지로 가득 찬 사람이 되자.
- 중한의 우호에 이바지하는 사람이 되겠다.
- 내가 좋아하는 일로 성공해서 다른 사람들을 도와주면서 평생 베푸

는 행복을 누리면서 사는 것.

· 스트레스 받지 않고 화목한 가정을 이루고 싶다.

· 하고 싶은 것을 하면서 건강하고 풍족하게 살고 싶다.

· 내가 소중히 여기는 것들을 정확히 알고 그에 따라 살아갈 수 있는 건강한 사람이 되고 싶다.

· 모든 이에게 사랑을 베푸는 당신. 저도 당신을 사랑합니다.

· 인생의 굴곡을 즐기는 매력적인 사람이 되자.

· 나는 내가 하고 싶은 것을 하면서 살고 싶다.

· 희망을 놓지 않고 나아갈 수 있는 사람

· 주변을 돌아보는 여유 있는 사람이 되고 싶다.

· 나는 지금처럼 그때그때 하고 싶은 것을 하면서 놀겠다.

· 함께 걸어갈 수 있는 사람이 되고 싶다.

· 나 자신을 사랑할 줄 알고, 다른 사람들도 포용하며, 현실 속에서 이상을 추구하면서 계속해서 성장하는 사람이 되고 싶다.

· 떠나고 싶을 때 떠나는 사람이 되고 싶다.

· 5년 동안 석박사를 따겠다. 행복한 가정생활. 연구자로서 인정받는 삶을 살고 싶다. 좋은 엄마가 되고 싶다.

· 자기 통제를 잘하며 타인에게 지나치게 내세우지 않으며, 사람들에게 신뢰를 줄 수 있는 사람이 되고 싶다.

· 원만한 인간관계를 통해서 삶을 즐길 줄 아는 사람

· 우주여행을 하고 싶다. 은퇴 후 달로 여행 갈 것이다.

· 커뮤니케이션이 풍부한 가족과 돈 걱정 없이 사는 것.

5 진행상 유의점

- 이 활동은 앞의 활동들을 모두 수행했다면 굉장히 빨리 마칠 수 있다. 시간 조절에 유의해야 한다.
- 엉뚱한 목표문이 나오더라도 소홀하게 여기거나 농담으로 넘기지 않아야 한다. 모든 목표문을 소중하게 다뤄주어야 한다.

목표 정하기

어제는 내가 중요하게 생각하는 가치를 꼽고, 그것에 순서를 매기는 프로그램을 했다. 오늘은 어제의 활동을 바탕으로 내 인생의 궁극적인 목표 하나를 정했다. 매우 쉬웠다. 그래도 어제 그렇게 고민에 고민을 거듭하면서 내 가치의 우선순위를 매기고 나니, 이 궁극적인 목표라는 것은 이제 그 단어로 이루어진 가치들에 살을 붙여서 문장을 만들기만 하면 되는 것이었다. 되도록 그럴 듯하게. 앞으로 나의 좌우명이 될 수도 있고 내가 가장이 된 이후에는 가훈으로 정할 수도 있고 사람 일이라는 게 모르는 거니까 내가 어떤 그룹의 CEO가 된다면 사내 이념까지도 될 수도 있고…, 그러니까 최대한 이 문장은 멋있고 있어 보이게 만들어야 했다.

이 가치들을 실현해 내가 정한 궁극적인 인생의 목표를 이루려면 나는 어떻게 해야 할까. 똑같은 것 같다. 단어로만 이루어져 있던 가치들을 접속사를 통해 연결하고 그럴듯한 수식어를 갖다 붙여 문장이라는 탄탄한 구조로 완성시켜 그것이 내 궁극적인 목표가 되었듯이, 내가 이 가치들만 가지고 있다고 해서 목표가 저절로 이루어지는 것은 아닐 것이다. 난 목표가 이루어지도록 그만큼의 살을 붙여야 할 것이며, 그것이 좀 더 그럴 듯하게 보이려고 내가 붙일 수 있는 것들 중 이왕이면 좀 더 나은 것을 갖다 붙여야 할 것이다. 단어 몇 개를 나열해 문장으로 만드는 것은 그다지 어렵지 않았다 하더라도, 살면서 진짜 내 목표를 이루어내는 것은 고작 문장 하나 만드는 것에 비할 수도 없이 힘든 일이 될 것이다. 어쩌면 미처 이루어내지 못할 수도 있을 테지만, 이로써 이틀에 걸쳐 내 인생관과 목표가 확립되었다는 것에서 난 이미 내 목표가 이루어져 가는 과정에 필요한 살을 어느 정도 붙인 것이 아닌가 생각한다.

4

갈등 커뮤니케이션 갈등과 대화

01 마음이 통하는 대화
공감의 대화

왜 대화하는가?

우리는 관계 속에서 산다. 거미줄처럼 얽히고설킨 관계 그물망에서 나와 너, 그리고 우리가 살아가고 있다. 이것은 곧, 우리의 관계가 복잡하다는 것이다. 나아가 관계가 복잡하다는 것은 누구나 다 원하는 것이 있고, 그 원하는 것 사이에는 틈이 존재한다는 말이다. 우리는 각자 원하는 것 사이의 틈을 줄이려고 '대화'를 하는 것이다. 다시 말해 우리는 관계 속에서 욕구의 차이를 존중하고, 그 욕구 차이를 최소화하기 위한 노력으로 대화를 해야 하는 것이다.

여기서 중요한 점은 이러한 욕구 차이가 바로 '갈등葛藤'이라는 점이다. 따라서 갈등은 그 자체로 하나의 현상이며, 지극히 정상적이고 필연적이다. 원래 '갈등'이라는 말도 칡뿌리와 등나무 뿌리가 엉켜 있다는 의미이다. 엉켜 있는 그 자체로 갈등이다. 따라서 갈등은 욕구가 엉켜 있는 것이며, 그 자체로 의미 있는 필연적 현상

갈등

칡과 등나무가 함께 어울려 뒤엉킨 모습을 이르는 말로 일이나 사정이 서로 복잡하게 얽혀 화합하지 못함을 비유한다.

리프레이밍

같은 내용을 두고 다른 의미를 부여하는 일. 부정적인 사건이나 현상을 만났을 때 이를 긍정적으로 재구성하는 것을 말하는 용어로 자주 사용된다.

이다. 그러나 우리는 갈등을 우연히 발생하는 회피의 대상으로 인지하고 있다. 이 점이 바로 갈등에 대한 리프레이밍reframing이 필요한 이유다. 갈등에 대해 우리는 대부분 '오해, 답답함, 싸움, 불화, 마찰, 분노, 무시, 침묵, 단절, 논쟁, 밀고 당기기, 경쟁, 투쟁' 등과 같은 프레임을 가지고 있다. 우리의 경험과 기억에 의존한 이러한 갈등에 대한 프레임은 우리의 대화를 방해한다. 따라서 우리는 갈등의 프레임을 '차이, 대화, 상생, 타협, 용서, 화해, 극복, 발전, 친밀, 애정' 등과 같이 긍정적이고 중립적으로 바꿀 필요가 있다. 이렇게 생각의 틀을 바꿀 때 우리는 대화할 수 있다.

우리는 타인과 갈등이 생겼을 때 '대화'를 해야 한다는 것을 불변의 진리처럼 잘 알고 있다. 상대의 말에 공감하고 경청하며, 감정을 조절하면서 나의 마음도 표현해야 한다는 점도 함께 말이다. 그러나 우리의 일상에서 이와 같은 대화의 강령들은 실천되지 못하고 있다. '호모 커뮤니쿠스' 프로그램에 참석한 학생들도 대부분 타인과 겪는 갈등에서 참는다거나 져준다, 혹은 보류하거나 회피하는 경우가 일반적이었고, 주위 사람들에게 조언을 구하거나 조건을 내걸어 협상하기도 한다는 경험담들이 많았다. 참으로 이상하다. 갈등할 때 대화해야 한다는 진리가 실천되지 못하는 것 자체가 말이다. 이론과 실제가 따로국밥인 셈이다.

공감과 경청. 이런 대화 강령은 실제 갈등에 직면하게 되면 분노와 같은 감정의 소용돌이에 의해 생각할 수조차 없게 된다. 한편 감정을 조절하며 대화를 시도하려고 해도, 자연스럽게 이루어지지 않거나 구체적이고 제대로 된 방법을 모를 때가 많다. 따라서 대화 역시 우리가 매일 외국어 공부를 할 때 반복학습 하듯, 공부하고 연습하고 훈련하면서 시행착오를 겪어야만 한다.

인간관계의 갈등을 해결하려면 상대방의 입장에서 그가 왜 그렇게밖에 할 수 없었는지를 생각해보는 것이 필요하다. 모든 행동에는 반드시 이유가 있기 때문이다. 이러한 역지사지易地思之의 능력이 '공감empathy' 능력이다.'empathy'는 그리스어 'empatheria'에 어원을 두고 있다. '안으로in'라는 의미의 'em-'과 '느낌feeling'의 'pathos'가 결합한 것처럼, 상대의 느낌 안으로 들어가는 것이 공감이다. 문제는 내 느낌과 감정도 정확하게 인지하지 못한 상태에서 상대의 느낌으로 들어간다는 것은 어찌 보면 고통일지도 모른다. 그래서 대화능력은 인고의 수련과정을 통해 생겨나는 것이다. 그러면 대화를 어떻게 해야 공감할 수 있고, 갈등을 해결하는데 한걸음 다가갈 수 있는지 살펴보자.

역지사지

『맹자』의 「이루」 편에 나온 말로 상대와 나의 처지를 바꾸어 생각한다는 뜻의 한자성어.

공감

동감과 비슷한 말이나, 함께 느낀다는 의미와 달리 다른 사람의 심리적 상태를 그 사람의 입장이 되어 느끼는 것을 나타내는 상황에 쓰인다.

우리는 칭찬은 속삭임으로 듣고, 비난은 천둥처럼 듣는다. 또한 비난은 천둥처럼 하며, 칭찬은 속삭임처럼 한다. 이처럼 타인에 대해 말할 때와 나에 대한 말을 들을 때 우리는 일관되지 않은 경우가 많다. 가장 중요한 것은 모든 것에는 이유가 있다는 사실이다. 모든 표현에는 욕구가 담겨 있다. 상대가 하는 말에 대한 이해와 공감의 듣기가 동시에 이루어져야 한다. 이를 위해 우리가 실천해야 할 대화의 강령들을 생각해보자.

있는 그대로 표현하자

'있는 그대로 표현한다'는 것은 판단이나 해석, 비판을 섞지 말고 상대방의 말과 행동을 객관적으로 표현하는 것을 말한다. 우리가 일상적으로 하는 말들에는 이미 판단이 들어가 있는 말들이 너무 많다. 약속시간을 어기는 상대방에 대해서 "너는 항상 늦어! 오늘도 또 늦었네!"라고 하면 백발백중 듣는 사람은 화가 난다. '항상', '또'라는 표현 때문에 자신을 비난하고 있다고 생각하기 때문이다. 이럴 때 상대의 행동에 대해 있는 그대로 표현하면, "지난 번 약속과 오늘, 두 번 늦었군요"하는 식의 대화 표현이 좋다. 있는 그대로의 '사실'에 대해서는 듣는 사람이 수긍할 수 있기 때문이다. 즉 판단은 상대로부터 하여금 부정적 감정을 발생시키며, 갈등 해결의 대화를 차단한다. 그러나 있는 그대로의 사실 표현은 갈등의 증폭을 막고, 타협의 실마리를 찾는데 도움을 준다. 따라서 구체적인 행동 하나하나에 대한 객관적 표현을 하도록 노력해야 한다. 일반적으로 "너는 진보적이야 혹은 보수적이야"와 같은 상대에 대한 평가와 해석의 표현이 아니라 "너는 그 일에 대해 이런 태도 혹은 행동을 보였다"의 표현으로 대체된다면 그 행동을 수정하거나 타협할 수 있다.

느낌을 표현하자

느낌을 표현하는 것은 자신의 내적 동기를 중요하게 생각하고 이를 표현해야 한다는 것이다. 우리는 "무시당한 것 같다"는 표현을 자주 쓴다. 상대로부터 느끼는 '무시당함'의 기분은 갈등 상황에서 많이 겪는 일일 것이다. 그런데 이 '무시당함'의 기분은 느낌이 아니다. 이것은 상대가 '나를 무시했다'는 나 자신의 판단이 나의 느낌으로 가장된 표현에 불과하다. 이 표현은 나의 내적 동기에 주안점을 둔 "나는 너의 그 행동 때문에 서운하다"는 느낌의 표현으로 바꾸어야 한다. 이렇게 할 때 내 느낌이 상대에게 그대로 전달된다.

느낌을 표현하는 가장 탁월한 방법은 '나－메시지I-message' 대화법이다. 토마스 고든Thomas Gordon은 부모역할 제대로 하기 훈련PET: Parent Effectiveness Training에서도 나－메시지I-message 대화법을 권장한다.

너－메시지You-message는 상대방의 행동에 초점을 맞추는 대화법이고, 나－메시지는 상대방의 행동에 대한 내 느낌을 전달하는 대화법이다. 예컨대 자녀가 컴퓨터 게임을 너무 많이 하고 있을 때, 부모의 반응은 "네가 지금 제 정신이냐? 공부는 하지도 않고, 그렇게 게임만 하면 대학은 가겠니?" 이렇게 표현하면 너－메시지이다. 너, 곧 자녀의 행동이 주된 메시지가 되는데, 이러한 표현은 자녀를 공격하는 의미의 말이 된다. 그러면 듣는 자녀는 반발하고 분노와 적개심을 드러낼 게 불 보듯 뻔하다.

이런 상황에서는 나－메시지를 활용하면 효과적이다. "엄마는 네가 게임을 너무 많이 해서 걱정된다"라는 표현으로 바꾸면 좋다. 이 말을 들은 자녀는 자신의 행동에 대해 걱정하는 엄마의 마음을 느끼게 되고, 이에 대해 미안한 마음이 들 가능성이 많아진다. 따라서 상대의 행동에 대한 해석이 아니라, 자신의 느낌을 솔직하게 표현하면 상대방도 마음의 문을 열고 대화하기 시작한다는 점을 잊지 말아야 한다.

자기 욕구를 표현하자

자기 욕구를 표현한다는 것은 자기가 원하는 것을 정확하게 표현하는 것을 말한다. 이것이 지극히 정상적이고 자연스러운 현상인 갈등의 본질을 인식하고 실천하는 핵심이다. 자신의 욕구, 기대, 바람, 관심사를 명확히 표현하는 것이 중요하다. 우리는 자기 욕

토마스 고든

임상 심리학 박사. 회사의 임원이나 조직의 관리자들을 대상으로 종업원과의 협력 문제, 리더십에 대한 자문 역할을 하면서 전문 상담가로서의 자질을 키워 나갔다. 1970년 학부모들과의 상담 사례와 자신이 개발한 훈련 프로그램을 엮어 베스트셀러인 『부모 역할 훈련』을 출간했다.

부모 역할 제대로 하기 훈련

가족 간의 효과적인 의사소통기능 향상을 통해 가족관계를 증진시키기 위한 자녀교육 프로그램으로 고든에 의해 개발되었다. 1962년 미국 캘리포니아에서 17명의 학부모를 대상으로 처음 실행했다.

구를 말하기보다는 남을 탓하거나 분석하는 데 더 익숙하다. 예컨대, "아빠는 네가 공부를 열심히 하지 않으면 너무 실망스럽다." 라는 말은 느낌은 표현되었으나, 욕구는 드러나지 않았다. 자녀의 행동만 탓하고 있다. 이것을 "아빠는 네가 나중에 훌륭한 사람으로 성장하길 바라기 때문에 네가 공부를 열심히 하지 않으면 실망하게 돼"라는 표현으로 바꾸자. 이 표현 안에는 자녀가 훌륭한 사람으로 성장하기를 바라는 아빠의 욕구가 직접적으로 드러나 있다. 자녀가 이러한 표현을 접하게 되면 아빠의 느낌과 함께 욕구를 분명하게 알게 될 것이고, 그에 대한 반응적 표현 또한 부드러워질 것이다.

욕구를 표현하는 것은 대화의 핵심이다. 자신의 욕구가 제대로 표현되지 않으면 스트레스를 받게 되고, 그 말을 듣는 사람에게는 혼란을 주게 된다. 따라서 자신의 솔직한 느낌과 함께 욕구를 분명히 표현하고 서로 확인하는 과정은 갈등의 타협점을 찾는 실마리가 된다.

겸손하게 부탁하자

자기 느낌이나 욕구를 정확히 표현했으면, 이제 그 욕구를 상대방이 들어달라고 요구하는 것이 부탁이다. 부탁은 명령, 강요가 아니라 요청이다. 따라서 부탁은 평서형이 아닌 의문형의 표현으로 끝나야 한다. 즉 내 욕구에 대한 요청에 대해 승낙 여부의 권한을 상대에게 넘기는 것이다. 관계 안에서 발생하는 욕구는 상대의 행동 변화를 바라는 경우가 많아서 부탁은 의문형으로 해야 한다. 예컨대 "상관하지 말고, 나를 가만 내버려둬!"라는 표현을 "내가 혼자 시간을 보내게 해주겠니?"라는 표현으로 바꾸는 것이다. 이 표현을 듣는 이의 입장에서 생각해보면, 그 차이는 확연히 알 수 있다. 명령과 강요의 강한 표현을 부탁과 요청의 부드러운 표현으로 바꾸는 것이 자유자재로 실천되어야 한다.

혼신을 다하여 듣자

마지막 대화 강령은 '경청'이다. 경청은 공감의 출발이다. 마샬 로젠버그Marshall B. Rosenberg는 '혼신을 다하여 듣는 것'이 공감이라고 하였다. 혼신渾身은 말 그대로 온몸 전체를 말한다. 따라서 혼신을 다해 듣는다는 것은 나의 모든 감각을 상대에게 집중시키고, 나의 생각으로 상대를 어떻게 하려 하지 않는 마음가짐으로 듣는 것을 말한다. 우리는 공감하는 대신 무언가 조언하려 하고 설명하려 한다. '나도 그런 답은 알아!' 혹은 '나 역시 그런 경험이 있어!'라는 표현을 통해 우리는 상대에게 어떠한 답이나 해결책을 결정해주려고 한다. 그러나 이럴 때 오히려 역효과가 난다. 상대방은 답을 듣기를 원하는 것이 아니라, 자기감정을 나누기를 원할 경우가 많다. 공감은 모든 관심을 상대방이 말하는 그곳에 두는 것이다. 공감하려면 앞에서 배웠던 것을 역으로 상대방에게 적용하면 된다. 특히 상대방의 느낌과 욕구를 이해하는 것이 필요하다. 이것이 곧 적극적 경청이다.

경청

상대방의 말을 단지 듣기만 하는 것이 아니라 그 안에 담긴 의미, 표정, 행동 등에 모두 귀를 기울이고 그 안에 담긴 모든 것을 이해하는 상태를 이르는 말.

마샬 로젠버그

국제적 평화단체인 CNVC (The Center of Nonviolent Communication) 의 설립자이자 교육책임자. 1960년대 미국 연방정부의 재정지원으로 이루어진 학교통합프로젝트에서 중재와 의사소통방법을 가르치면서 처음으로 비폭력 대화 교육을 시작했다. 비폭력 대화 교육을 위해 설립한 CNVC는 현재 220여 명의 국제인증지도자를 배출하고, 전 세계 65개국이 넘는 지역에서 교육자, 의료분야 종사자, 기업 관리자, 변호사, 군인, 수감자, 교정 당국, 경찰, 성직자, 정부관리, 그리고 수많은 개인과 가족들에게 비폭력 대화 교육의 실천을 지원하는 활동을 벌이고 있다.

귀한 손님을 맞는 마음으로 대화하기

지금까지 우리는 갈등과 대화에 대해 고민해보았다. 무엇보다 중요한 것은 갈등에 대한 재인식이며, 갈등 해결 대화 강령의 실천이다. 분노와 대립, 투쟁의 기존 갈등 프레임에서 수용과 애정, 관심의 새로운 갈등 프레임을 만들자. 우리의 기억은 자작극과 같아서, 인식의 틀은 분명히 바꿀 수 있다. 한편 갈등을 해결하기 위해 마음이 통하는 대화를 위해서 우리는 욕구와 느낌을 정확하게 인지하고 표현해야 할 것이다. 이와 함께 타인에 대한 존중과 인정에 기반을 둔 공감적 대화가 부단하게 시도되어야 한다.

정현종

시인이자 연세대 국문과 교수. 1965년 『현대문학』에 시 「여름과 겨울의 노래」 등이 추천되어 문단에 나왔다. 서정시의 전통을 혁신하고 새로운 현대시의 가능성을 개척했다는 평가를 받고 있다.

정현종 시인의 「방문객」이란 시가 있다. 시의 전문은 다음과 같다.

> 사람이 온다는 건 실은 어마어마한 일이다.
> 그는 그의 과거와 현재와 그리고 그의 미래가 함께 오기 때문이다.
> 한 사람의 일생이 오기 때문이다.
> 부서지기 쉬운 그래서 부서지기도 했을 마음이 오는 것이다.
> 그 갈피를 아마 바람은 더듬어 볼 수 있을 마음,
> 내 마음이 그런 바람을 흉내 낸다면 필경 환대가 될 것이다.

이 시가 우리에게 시사하는 바는 크다. 공감의 당위성이다. 서두에서도 밝혔지만, 우리는 관계 속에서 살아간다. 관계 속에서 나에게 다가오는 것은 사람 자체가 아니라, 그 사람의 일생과 인생이다. 그 어마어마한 관계 속에서 그 사람의 느낌과 욕구, 기대, 소망들을 찾으려고 하는 노력이 곧 공감이고, 대화의 핵심이다. 나의 감정과 욕구가 중요하고 간절하듯이, 상대의 감정과 욕구 또한 중요하고 간절하다. 이를 인식하고 실천하는 것이 곧 공감적 대화의 실천이다.

활동 GUIDE

02 갈등연습과 갈등프레임

1 소개

이 활동은 '갈등'에 대한 평소 우리의 인식을 공유하고, 갈등이 지닌 본질적 속성과의 차이를 도출하는 데 목적이 있다. 즉 갈등에 대한 본질적 정의를 통해 갈등에 대한 리프레이밍reframing을 하려는 활동이다.

2 준비

1) **활동방식**

'갈등'에 대해 직관적으로 연상되는 단어들을 중심으로, 갈등에 대한 이름붙이기 과정을 통해 갈등프레임을 정한다.

2) **준비물** 전지, 매직

3) **진행시간** 1시간

3 실행

- '갈등'이라는 말을 들었을 때 연상되는 단어들을 개별적으로 10개 정도씩 나열해본다.
- 나열한 갈등에 관한 단어들이 가진 특성에 대해 긍정/중립/부정으로 구분해본다.
- 개별적으로 나열한 갈등 관련 단어들을 포괄하는 하나의 이름프레임을, 팀별로 합의하여 '갈등은 A다'의 형태로 진술한다.
- 팀별로 결정한 갈등프레임을 전체발표를 통해 공유한다.

4 의미와 발견

우리는 특정 대상에 대한 지각과 인식이 그것을 은유적으로 표현하는 상징에 영향을 미친다는 것을 잘 알고 있다. 특히 '갈등'에 대해서 우리는 '전쟁' 혹은 '승패게임'으로 표현하는 은유에 익숙해져 왔다. 이처럼 '갈등'은 우리들로 하여금 '오해, 답답함, 싸움, 불화, 마찰, 분노, 무시, 침묵, 단절, 논쟁, 밀고 당기기, 경쟁, 투쟁, 스트레스' 등과 같은 부정적인 단어들을 쉽게 연상시킨다. 이것은 우리의 경험이 이와 같은 부정적인 갈등의 프레임frame 안에 놓여 있었기 때문이다. 특히 이러한 갈등에 대한 인식은 갈등에 대한 태도를 형성하게 하는 중요한 요인이 되기 때문에 갈등에 대한 기존 인식을 점검하고 이를 재인식하는 과정은 매우 중요하다. 우리의 지각은 정서와 행동에 영향을 미쳐 태도로 직결된다. 따라서 갈등에 대한 경험적 지각은 갈등에 대처하는 우리의 태도와 행동에 직접적인 영향을 미치는 것이다.

갈등에 대한 어원적 의미 혹은 심리적 정의를 고려하더라도, 갈등은 욕구가 충돌하게 되거나 심리적으로 딜레마를 겪게 되는 지극히 자연스럽고 정상적인 현상이다. 이런 현상은 상호의존적 관계이거나 자원이 부족하면 좀 더 극명한 투쟁의 형태로 표현된다. 선택 상황을 수반하는 갈등은 반드시 감정이 수반되며, 논쟁에서 승부, 투쟁의 상승경향성을 가지기 때문에 해결에 대한 압력을 받게 되는 것이다. 그런데 갈등 자체가 필연적 현상이라면 갈등과 문제, 나아가 갈등대처의 부정적이고 극단적인 방법들과 엄밀하게 구분할 수 있는 태도를 함양하는 것이 중요하다고 할 수 있다. 이러한 과정을 통해 갈등은 더 이상 부정적이지 않고, 우리 삶에 '차이, 성장, 대화, 상생, 타협, 용서, 화해, 극복, 발전, 친밀, 애정' 등과 같은 프레임으로 작용한다는 사실을 인식해야 할 것이다. 이

렇게 생각의 틀을 바꿀 때 우리는 갈등에 대해 유연해질 수 있으며, 소통할 수 있다.

▲ 활동 포인트

1. '갈등' 하며 떠오르는 단어들

   1) 부정적 연상단어: 다툼, 대립, 싸움, 스트레스, 화, 회피, 단절, 투쟁, 노사분규, 짜증, 답답함, 무시, 미움, 오해, 왜곡, 폭력, 경고, 아픔, 불화, 위험, 고통, 불안, 두려움, 고립

   2) 중립적 연상단어: 관계, 과정, 표현, 차이

   3) 긍정적 연상단어: 소통, 대화, 타협, 협상, 화해, 용서, 토의, 토론, 상생, 윈윈win-win, 성장

· 위의 표현은 갈등에 대한 연상단어들을 나열하는 활동 결과를 정리한 것이다. 단어의 성격을 부정·중립·긍정의 세 유형으로 분류하였을 때, 양적으로도 부정적인 성격에 해당하는 갈등 연상개념들이 많

이 나왔다. 또한 부정적인 성격의 단어들은 대체로 갈등 과정에서 겪게 되는 부정적인 심리상태나 감정, 갈등 대처 및 해결방식의 극단성과 물리적 폭력성 등을 암시하거나 표현하는 특성이 강하다는 것을 알 수 있다. 이는 우리가 갈등의 경험 자체가 중립적 혹은 긍정적이라기보다는 부정적인 범주 안에 놓여 있음을 보여준다. 이러한 우리의 인식은 태도와 행동에 직결되어 갈등을 관리하고 대처하는 방식에 부정적으로 영향을 미칠 가능성이 많다. 따라서 갈등의 본질적 개념과 정의에 따라 갈등에 대한 부정적 인식에서 벗어나 긍정적인 재인식의 과정과 실천적 노력의 필요성이 중요하게 드러나는 것이다. 이렇게 갈등에 대한 연상단어 정리 과정을 통해 우리는 기존의 갈등에 대한 태도를 인식하고 갈등에 대한 긍정적이고 미래지향적인 새로운 인식의 실마리를 스스로 깨닫게 된다.

2. 갈등 프레임: 갈등은 A다.

갈등프레임	이유
갈등은 성장통이다.	- 갈등을 겪을 때는 아프고, 고통스럽다. - 갈등을 겪으면서 서로 성장할 수 있다.
갈등은 불면증이다.	- 갈등은 잠을 자려고 해도 잠을 잘 수 없는 것처럼 고통스럽다. - 불면증은 어느 정도의 시간이 지나면 괜찮아질 때가 많다.
갈등은 감기다.	- 감기는 원치 않게 걸릴 수 있는 것처럼 갈등도 그렇게 생긴다. - 감기에 걸리고 난 후 아픈 것처럼, 갈등의 경험은 아프다.
갈등은 변비다.	- 피할 수도 없고, 그렇다고 계속 내버려둘 수도 없다. - 변비를 겪고 나서야 평소 식습관을 고쳐야겠다는 결심을 한다.
갈등은 빨간색이다.	- 긴장과 불안시 얼굴의 붉어짐을 연상하였다. - 사랑, 열정에는 반드시 갈등이 생긴다. 사랑, 열정이 빨간색으로 연상된다.

갈등은 갈증이다.	- 갈등은 목마름처럼 다소 고통스럽다. - 갈등을 겪으면서 서로 성장할 수 있다.
갈등은 고슴도치다.	- 갈등은 가시 달린 고슴도치 두 마리가 서로 부딪치는 것과 같이 아프고, 서로에게 고통스러운 것이다.
갈등은 다양성이다.	- 갈등은 다양한 관계에서 다양한 원인에 따라 생긴다. - 갈등을 해결하는 방식 역시 다양하다.

· 위는 갈등에 대한 프레임과 그 선정 이유에 대한 예시이다. 이를 통해 우리는 갈등이 스트레스와 같은 고통을 수반한다는 것, 우리 삶에서 누구나 겪을 수 있으며 빈번하게 일어날 수 있다는 것, 기대와 욕구가 내재되어 있다는 것, 대처와 해결의 필요성이 있다는 것, 그리고 그 방법은 다양하다는 것, 갈등은 성장의 기회가 된다는 것 등을 알 수 있다. 즉 우리가 선정한 갈등의 프레임을 보아도 갈등의 긍정적, 부정적 특성들이 모두 내포되어 있다. 갈등은 나쁘거나 부정적이거나, 회피의 대상이 아니라, 지극히 정상적이고 자연스러우며 우리의 성장을 보장하는 하나의 기회가 된다는 것을 나타내주는 현상이라고 할 수 있다.

5 진행상의 유의점

- '갈등'에 대해 연상되는 단어를 나열할 때는, 순간 직관적으로 떠오르는 단어들을 기록한다.
- 갈등 프레임에 대한 다양한 견해가 있음을 인지하는데 유의한다.

활동 GUIDE

03 정보전달열차
몸짓 스피드 퀴즈

1 소개

정보전달열차는 몸짓으로 특정단어를 설명하고, 그 몸짓이 무엇을 설명하는 것인지에 대해 맞추는 게임형식의 활동이다. 이를 통해 같은 의미를 전달하는 사람마다 다양한 방법이 존재할 수 있다는 것을 인식하게 된다. 또한 그러한 설명방식을 접하는 개인은 자신의 선택적 지각에 따라 서로 다른 설명의 방법들을 동원하게 된다는 것을 알게 된다. 이 같은 지각과 인식, 그리고 표현의 차이가 바로 대인관계 갈등의 진원지인 셈이다.

2 준비

1) **활동방식**

카테고리별로 출제된 퀴즈 낱말을 몸짓언어만을 통해 같은 팀원에서 차례로 설명하고 답을 맞히는 형식의 게임이다.

2) **준비물** 퀴즈 낱말 스케치북팀 숫자만큼, 전지, 매직

3) **진행시간** 1시간 10분

3 실행

- 각 팀 구성원들이 무대로 나와서 서로 등을 지고 일렬로 서게 한다.
- 정해진 시간 내에 퀴즈 낱말을 본 첫 팀원이 다음 팀원에게 몸짓언어로 낱말에 대해 설명하고, 그 설명을 본 팀원이 그 다음

팀원에서 설명하는 것을 이어가면서 마지막 팀원이 해당 낱말을 맞추게 된다.

- 팀별 대항 게임 형식으로 진행하고, 팀별로 맞춘 답의 수를 계산한다.
- 게임이 끝나면 정보전달열차 게임을 통해 느낌 점을 팀 안에서 공유한다.
- 팀별로 논의한 정보전달열차 게임의 소감과 더불어 이 게임이 대인갈등과 관련하여 시사하는 바가 무엇인지에 대해 전지에 정리하여 발표한다.

4 의미와 발견

정보전달열차는 몸짓언어로 특정단어를 설명하는 게임 형식의 활동이다. 허용된 의사소통 수단은 '몸'뿐이다. 단지 몸짓으로만 표현해야 하며, 소리를 내서도 안 된다. 이 활동을 통해서 다양한 커뮤니케이션 수단이 존재하고는 있지만, 특정 상황에서 우리에게 주어진 수단만을 동원해서 같은 의미를 표현해내는 방법 역시 다양할 수 있음을 깨닫게 된다. 이 게임은 한 사람이 특정 단어에 대해 설명하게 되면, 그것을 보는 사람은 선택적 지각selective perception에 의해 그 단어를 추측하게 되고 이를 바탕으로 타인에게 자기만의 설명을 이어가는 방식으로 진행된다.

'선택적 지각selective perception'이란 외부 정보를 객관적으로 받아들이는 대신 기존 인지체계와 일치하거나 자기에게 유리한 것만 선택적으로 받아들인다는 것을 의미한다. 이것은 우리가 모든 정보를 객관적으로 받아들이지 않는다는 것이다. 즉 자신만의 렌즈로 세상을 들여다보며 주관적으로 세상을 이해한다는 것이다. 다시 말해, 사실 그 자체를 보는 것이 아니라, 자기가 보고 싶은 대로 정보를 받아들이는 것이다. 이처럼 자신이 관심 있어 하는 것에 주의를 기울이며 선택적으로 정보를 받아들이는 것은, 자기중심적이며 좀 더 자기본위 위주로 사는 방식을 정당화시킨다.

자신의 관심에 주의를 기울이는 현상을 선택적 주목selective attention이라고 한다. 이것은 자신이 강하게 가진 태도, 신념, 행위와 일치하는 메시지의 부분에는 주의를 기울이고, 그것에 역행하는 정보에는 주의를 기울이지 않는 경향을 말한다. 이는 내가 중요하게 생각하고 보는 것을 반드시 타인도 동일하게 중요시하지는 않는다는 사실을 말해준다. 즉 내가 어떤 것을 보고 있다는 것은, 또 다른 차원으로는 어떤 것을 보고 있지 못하다는 것과 양립한다는 것이다. 이와 같은 선택적 주목과 선택적 지각은 인간 누구나 가진 경향성이며, 중요한 것은 이러한 경향이 갈등의 원인으로 작동될 때가 매우 많다는 것이다.

특히 말을 사용하지 못함으로 인해 정보전달의 정확성이 떨어지는 상황에서는 더욱 그렇다. 정보전달열차 몸짓 스피드 퀴즈게임에서는 해당 단어에 대해 자신이 중요하다고 생각하는 특징이나 단서들을 몸짓으로 표현하게 된다. 이 과정에서 같은 단어에 대해 내가 주목한 단어의 특징과 표현 방식은 타인과는 전혀 다르게 나타날 수 있다. 이렇게 상대가 표현하려는 단어에 대해서도 단지 표현된 몸짓을 통해서만 알아차려야 하는 상황이기 때문에 말로 직접적으로 표현할 수 없는 상황에서의 소통은 더욱 어렵게 된다.

한편 말을 비롯한 어떤 표현으로부터 기인한 오해와 갈등은 상대방이 듣기를 잘못하는 데서 발생하는 문제라고 생각하기 쉽지만, 말을 하거나 어떤 표현을 하는 사람의 전달 상의 문제일 수도 있다는 것 역시 생각해보아야 한다. 자기중심성을 가진 우리는 자신의 의사 전달이 항상 정확하고 객관적이라고 믿는다. 자신은 해당 단어의 특징을 잘 포착하여 몸짓으로 잘 설명하고 있다고 생각하면서, 이를 맞추어야 하는 상대가, 내가 표현한 몸짓이 무엇을 나타내고 있는지 잘 파악하지 못한다고 답답해하면서 조급해해서는 안된다. 오히려 나의 표현 방법이 상대가 파악하기에 적절한 몸짓이었는지도 함께 고민해보아야 한다는 것이다. 따라서 정보전달 열차는 대인갈등에서 같은 욕구와 의도를 표현함에도 다양한 방식이 존재할 수 있다는 것과 수용자의 선택적 주목과 지각이 의사소통에 있어서 갈등의 원인이 될 수 있다는 것을 몸소 체험해보는 기회가 된다.

▲ 활동 포인트

'음식, 국가, 동물, 영화, 자연, 직업'이라는 상위 카테고리는 퀴즈 대항 바로 직전에 공개하고, 범주별로 10개씩의 단어를 제시하였다. 학생들은 게임형식으로 진행되는 활동에 굉장한 경쟁심을 보였고, 해당 제시어를 몸짓으로 설명하는 모습들을 보면서 강의실이 웃음소리로 가득 차기도 했다. 특히 게임을 진행할수록 묘한 경쟁심이 발동되면서 몰입이 되고, 학생들의 진지하고 적극적인 몸짓표현들에 박장대소하지 않을 수 없었다. 다음은 퀴즈 게임 이후 학생들이 발표한 소감과 느낌들을 정리한 것이다.

1. 몸으로 말하는 것보다 말로 의사소통 하는 것이 훨씬 더 효과적이고 쉽다는 것을 체감할 수 있었던 힘들고도 재미있는 시간이었다.
2. 우리는 부분을 보고 있지만, 전체를 보는 것으로 착각할 수도 있겠구나 라는 것을 느꼈다.
3. 몸으로 의사소통을 하는 과정에서 점점 의미가 변질하고 있다는 것을 알 수 있었다. 그래서 소문은 가면 갈수록 커지나 보다.
4. 추상적이고 개념적인 단어들은 스포츠나 유명인과 같이 대중적이고 구체적 이미지가 있는 것에 비해 몸으로는 표현하기가 굉장히 힘들었다.
5. 의사소통의 수단이 굉장히 다양할 수 있다는 것을 깨달았다. 몸으로만 해도 정말 다양한 표현방식이 있고, 사람마다 모두 다르다.

• 위 학생들의 평가에서도 알 수 있듯이, 정보전달열차 게임을 통해 우리는 의사소통의 말의 효율성, 의사소통에서의 선택적 주목과 선택적 지각으로 인한 갈등, 표현방식의 다양성 등에 대해 생각할 기회를 가졌다. 이처럼 재미있는 게임방식의 활동을 통해 학생들의 참여도를 증대시키고, 그 과정에서 소통에 대한 깨달음들을 스스로 갖게 된다는 점에서 이 활동의 의미를 찾을 수 있다.

5 진행상의 유의점

- 정보전달열차 게임은 몸짓으로만 진행되기 때문에 팀별로 수행시간을 3~5분가량 주는 것이 적절하다. 너무 짧거나 길지 않도록 시간을 배정하도록 한다.

정보전달열차: 몸짓 스피드 퀴즈

너무 웃어서 눈물이 날 정도로 재미있는 시간이었다. 첫 번째 학우가 표현한 몸짓이 두 번째, 세 번째를 거치면서 다른 몸짓으로 변화할 때 답답한 마음에 매 순간 답을 외치고 싶었다. 그 과정에서 나는 다음과 같은 중요한 몇 가지의 의미를 발견하였다.

1. 다양한 사고에 놀랐다. 같은 단어를 보고 서로 다른 생각을 한다는 것에 새삼 놀라움을 느꼈다. 어떤 사람은 내가 생각하는 몸짓과 같은 몸짓을 하지만, 어떤 사람은 내가 생각하지도 못한 기발한 방법으로 아주 쉽게 단어를 표현해냈다. 예를 들어, 국가를 카테고리로 하는 조의 발표 시간에 첫 번째 학우가 중국을 짜장면으로 표현하고, 베트남을 자전거로 표현하는 모습은 내가 생각하지도 못한 표현이었다.

2. 의사소통의 어려움은 '전달자'에게 원인이 있을 때도 있다. 퀴즈를 진행할 때, 사람들은 상대방의 몸짓을 보면서 자신이 중시하는 것에 초점을 맞춰서 상대방을 바라보았다. 그렇기 때문에 다음 사람에게 전달할 때, 이전보다 과장되기도 하고 혹은 아예 다른 몸짓으로 의미를 전달하기도 하는 것을 발견할 수 있었다.

지금까지의 나는 상대방이 내 의견을 이해하지 못할 때, 그 탓을 모두 상대방에게 돌리곤 했다. 그러나 이 활동을 통해 전달자인 나에게도 문제가 있음을 알게 되었다. 그동안 자기중심적인 사고에 사로잡혀 내가 본 것을 내 기호에 맞게 왜곡시키고 있었던 것은 아닌지 생각해보았다.

3. 잡음의 영향이 크다. 이 활동에 재미를 더해준 것은 청중들의 반응이었다. 그러나 나에게는 재미일지라도 일부러 다른 의견을 말하는 청중들의 태도는 퀴즈를 하는 사람들에게는 굉장한 혼란을 안겨주는 요소일 것이다. 퀴즈를 하면서 전달자의 표정이나 몸짓에 집중하기보다 청중들의 잡음에 더욱 집중할 때 전달자와 수용자 간의 단절이 발생할 가능성이 커지는 것이다.

상대방과 대화를 할 때는 내 주위의 갑작스러운 변수나 나의 집중을 방해하는 요소들에 귀를 기울이기보다, 나와 이야기를 나누는 상대방에게 집중을 잘해야 원활한 의사소통을 할 수 있다고 생각했다.

활동 GUIDE

04 갈등이야기 분석

1 소개

이 활동은 자신이 겪었던 대인갈등의 경험을 타인과 공유하고, 갈등을 비교해봄으로써 갈등의 상대성을 인식하는데 목적이 있다. 또한 갈등경험을 갈등의 본질적 정의에 입각한 기준들을 가지고 분석하여 갈등을 감당할 수 있을 정도로 세분화하고 갈등이 회피의 대상이 아니라 능동적이고 합리적으로 대처해야 하는 대상이라는 것을 인식하는 것에 주안점을 둔다.

2 준비

1) 활동방식

각자 가진 대인갈등의 경험들을 팀 안에서 돌아가면서 이야기 형식으로 소개한다. 이후 갈등 경험을 갈등의 정의에 입각한 기준으로 분석해보고 팀별 대표사례를 발표하여 공유한다.

2) 준비물 전지, 매직, 접착식 메모지

3) 진행시간 1시간 10분

3 실행

- 개인별로 자신이 겪었던 대인갈등 중에서 가장 힘들었던 사례들을 생각해본다.
- 갈등 사례가 선정되면 팀 안에서 각자의 갈등 경험들을 이야기 형식으로 소개한다.

- 갈등경험 사례를 1) 쟁점 2) 당사자 3) 감정 4) 표현 5) 진행과 결과 기준에 맞추어 분석해본다.
- 개별적 갈등 분석 사례 중, 대표사례를 선정하여 팀별로 발표하고 이후 소감을 공유한다.

4 의미와 발견

자신이 겪은 갈등을 돌아보고, 이를 타인 앞에서 이야기 형식으로 진술함으로써 갈등에 대해 공유를 하는 과정은 갈등 대처 및 해결에 매우 중요한 실마리를 제공한다. 특히 갈등을 머릿속으로만 생각하게 되면, 갈등에 대한 스트레스와 부정적인 감정들에 휩싸이게 되면서 갈등에 대해 회피하거나 포기하게 되는 경향을 보이게 될 가능성이 많아진다. 그러나 갈등의 경험을 타인 앞에서 언어로 표현을 하게 되면, 자신의 갈등에 대해 객관화하고 명료화할 수 있는 기회를 얻게 된다. 그 결과 갈등이 감당할 수 없을 만큼 추상적이고 막연했던 대상에서 감당할 수 있을 정도로 갈등이 구체화되기 시작한다.

우리는 경험에 지속적으로 의미를 부여하고 낱낱의 사건들을 연결지으면서 '이야기story' 혹은 '서사narrative'를 만들어간다. 따라서 우리는 삶과 관계성에 대하여 동시다발적으로 일어나는 수많은 이야기가 있다. 이러한 특성이 있는 이야기의 방식은 상담치료나 갈등조정에서도 다양하게 적용되고 있다. 이것이 이야기 치료narrative therapy나 서사 조정narrative mediation의 형태로 주목받는 커뮤니케이션 기법이다. 즉 '이야기'를 하는 것 자체로 치료적 성격이 있다는 것이다. 이것은 일상적으로 우리가 답답하거나 힘든 일이 있을 때 누군가에게 하소연을 늘어놓거나, 조언을 구하는 등의 행동 이후에 느끼는 후련함의 경험에서도 알 수 있다. 따라서 나의 갈등 경험을 타인에게 이야기해봄으로써 자신이 가지게 되는 감정과 느낌을 되돌아볼 필요가 있다. 또한 나의 갈등경험과 타인의 경험을 비교하는 과정을 통해서 갈등이 가지는 상대성까지도 인식하게 되는 좋은 기회가 될 것이다.

이렇게 이야기를 통해 진술된 자신의 갈등을 좀 더 구체적으로 명료화하려면 갈등의 본질적 정의와 특성들에 입각한 기준들을 적용하여 분석해 볼 필요가 있다. 이는 갈등에 대해 회피의 대상으로 인식하거나 포기하는 행위를 예방, 방지하고 능동적이고 입체적으로 갈등에 대응하게 하는 태도를 형성시킬 수 있다. 갈등에 대한 분석 기준으로는 쟁점, 당사자, 감정, 표현, 결과, 욕구 등이 있다. 이에 대해 좀 더 자세히 살펴보자.

첫째, 갈등의 사안이 무엇인가 하는 쟁점이다. 갈등이 무엇 때문에 발생했는가 하는 것이다. 갈등의 원인과 맞닿아 있는 지점으로, 갈등이 왜 일어났는지를 파악하는 것이다. 일에 관한 갈등인지, 관계 혹은 가치관의 차이로 기인한 갈등인지, 한정된 자원이나 감정에 대한 분배의 문제로 갈등이 생겼는지, 개인 내면의 심리적 갈등인지를 파악해보는 것을 의미한다.

둘째, 갈등에 개입된 주체들을 밝히는 것이다. 갈등의 당사자 혹은 갈등 파트너라고도 한다. 갈등은 상호의존 관계에 놓여 있는 사람들 사이에서 발생하는 현상이기 때문에, 갈등의 주체들을 파악하는 것은 갈등 관계의 구조를 파악할 수 있게 한다. 이 같은 특성 때문에 수많은 대인갈등은 자신과 많은 시간을 함께 보내는 가장 소중한 사람과 발생한다. 가족, 연인, 친구 등 사람들이 긴밀하게 서로 접촉하면서 상호작용하는 관계 속에서 가장 첨예한 갈등이 발생할 수밖에 없는 역설적인 구조를 가진 것이다. 이 같은 친밀한 관계를 단절하는 것 자체가 불가능하기 때문에, 이러한 갈등의 딜레마는 구조적 갈등을 어떻게 해서든지 해결해야만 하는 당위성을 높이게 되는 것이다.

셋째, 갈등 상황에서 발생하는 감정이 어떤 것인지 돌아본다. 우리는 감정적으로 반응할 때 갈등을 겪게 되고, 갈등을 겪게 되면 감정이 발생하고 감정에 변화가 생긴다. 특히 갈등 상황에서는 슬픔, 분노, 수치심, 멸시감, 두려움, 좌절감과 같은 부정적인 특정 감정들을 느끼게 된다. 이러한 감정은 갈등 상황에서 갈등당사자들이 가치 있게 생각하는 것을 드러내고, 정체성을 반영하며 관계의 권력을 드러내기도 한다. 갈등이 이처럼 감정과 결부되기 때문에 갈등 당사자들의 감정 변화가 갈등 상황에 대해 어떻게 반영되고 있는지를 파악하는 것이, 갈등 해결을 위한 기초 작업이 되는 것이다. 즉 자기 자신의 감정, 특히 갈등상황에서 발생하는 부정적인 감정들을 살펴봄으로써 감정을 적절하게 통제할 필요성을 인식하게 된다.

넷째, 표현의 문제이다. 갈등은 어떠한 형태로든 외부로 표현되었을 때 발생하는 것이다. 따라서 갈등은 문제 자체를 의미하지는 않는다. 문제가 표면화되어 당사자 모두가 그 문제를 인식하는 상황을 말한다. 이에 반해 표출되지 않고 내재된 불만은 엄밀한 의미에서 갈등으로 간주하지 않으며, 일종의 스트레스로 볼 수 있다. 내적인 불만이 표면적으로 드러나고, 표출된 그러한 불만이 어떠한 상대방에 의해 지각, 인식되었을 때 비로소 갈등이 발생하는 것이다. 따라서 갈등에서의 표현은 갈등상황에서 어떤 행동으로 갈등의 감정들을 표출하고 있는가이다. 이것이 곧 갈등 스타일이다. 갈등 스타일은 한 사람이 갈등을 겪을 때 나타내는 반응의 유형이라고 할 수 있다. 이 유형에는 회피, 양보, 타협, 경쟁, 통합하는 등의 방식 중 어떠한 방식들을 표출하는가를 분석해보는 것이다. 이러한 갈등 스타일은 아래의 그림과 같이 나타낼 수 있다.

〈갈등 스타일〉

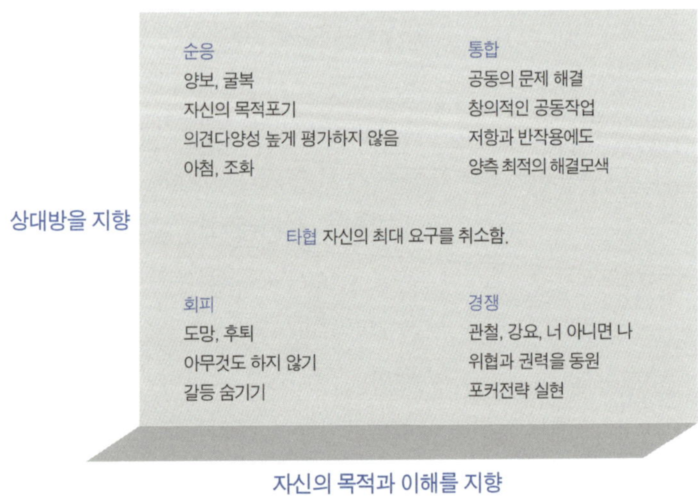

위의 그림에서 보는 바와 같이 갈등 스타일 중 순응형은 개인의 욕구를 비단언적으로 표현하며, 협조적이고 조화를 이루는 경우에는 상대를 만족하게 하기 위해 자신의 관심을 포기하는 표현을 한다. 따라서 '포기한다, 개입하지 않겠다. 내가 원하는 욕구는 그것이 아니었다. 모두의 조화가 가장 중요하다' 등의 진술 표현을 하는 유형이다.

회피형은 갈등을 부인하거나 얼버무림을 통해 갈등을 피하려는 경향을 보인다. 갈등과 관련이 있는 이야기에 대해서는 화제를 전환하려고 하거나 함구하기도 한다. 한편 농담을 하면서 갈등을 회피하는 경향을 보이기도 한다. 타협형은 다른 동기 때문에 선택된 중개적 스타일이다. 이 유형은 갈등의 주체들에게 비슷한 수준의 손익을 감수하자고 표현하면서 공정성을 호소하거나 거래를 제안한다. 이를 통해 이익을 극대화하고 손실을 극소화하려고 하는 경향성을 보이는데, 이러한 유형은 갈등에 대한 신속한 단기의 해결을 가져오는데 유리하다.

경쟁형은 공격적이고 비협조적 행위를 보이는 것이 특징이다. 타인을 희생해 자신의 관심사를 추구하면서 직접 대면에 의해 즉 타인의 목표와 욕구에 적응하지 않고 논쟁에서 이기려 하는 행위를 보인다. 가장 공격적인 스타일로서 자신의 열망을 위해 극단적으로도 수행 가능하며, 상대방이 피할 수 없는 조건을 제시하기도 한다.

통합형은 가장 건설적인 갈등 스타일이라고 할 수 있다. 스스로 목표나 다른 사람의 목표, 문제의 성공적인 해결 및 관계 개선을 위한 높은 관심이 있기 때문이다. 통합적 갈등 스타일은 갈등상황에서 모든 사람이 합리적으로 만족하고 해결책을 지지할 수 있을 때까지 갈등이 종료시키지 않는 특성을 보인다. 따라서 상호 문제해결을 위한 대화를 시도하고, 양보와 갈등에 대한 책임을 수용한다. 또한 회피하거나 타인을 파괴하기보다 탐사적으로 문제해결을 시도하고자 하는 경향성을 자주 보인다. 이처럼 갈등 스타일은 인성 스타일과 같은 한 사람의 자질로서, 갈등 행위 유형 혹은 행위범주라고 할 수 있다. 즉 갈등 시에 취하는 커뮤니케이션적인 성향이다.

다섯째, 진행과 결과이다. 갈등 때문에 단기, 장기적으로 가져오게 된 결과로 갈등이 미치게 된 결과적 양상이라고 할 수 있겠다. 갈등은 크게 세 단계로 진행된다. 1) 논쟁 2) 승부 3) 투쟁 단계가 바로 그것이다.

논쟁 단계에서 갈등당사자들은 상대방을 설득의 대상으로 인식하면서 언어적 공방을 통해 상대에게 심리적 영향을 미치기 위한 전술들을 보여준다. 이 과정의 논쟁에서 상대방의 주장을 받아들이거나 설득시키게 되면 갈등은 논쟁으로서 종결된다.

논쟁 단계에서 갈등이 끝나지 않고 고조되면, 승부단계로 상승한다. 여기서는 갈등 상대방을 이겨야 하는 적으로 인식하면서 상대를 궁지로 몰아넣거나 포기하도록 하는 능숙한 행동들이 나타난다. 이것은 갈등의 승부가 양 당사자가 동등한 실력을 갖추고 있다는 점을 전제로 가능해지고, 제3자의 판정에 의해 갈등의 승패가 분명하게 나타나면 갈등은 끝나게 된다.

투쟁단계에서는 갈등 상대방을 자신에게 상처, 억압, 해를 끼친 '적'으로 간주한다. 따라서 갈등 상대방은 제거의 대상이 되며, 이 단계에서는 폭력을 포함한 모든 수단이 정당화된다. 이와 같은 단계 중 갈등이 어느 자리에 있는지를 파악하고, 그 단계에서 갈등이 해결되었는지, 결과적으로 각자에게 가져온 이익과 손실은 무엇인지를 파악해 보아야 한다.

이러한 분석기준을 적용한 갈등이야기 분석은 우리에게 갈등을 구체화해 갈등관리와 대처, 해결의 접근가능성을 증대시켜준다. 또한 나의 갈등을 객관화시키고 명료화시킴으로써 합리적인 해결 방법으로 갈등을 직면하게 하는 효과를 낳는다고 할 수 있다.

▲ 활동 포인트

자신이 직접 경험한 갈등 사례를 타인 앞에서 이야기한다는 것이 쉬운 일은 아니다. 그럼에도, 여러 갈등의 분석기준을 적용한 갈등 경험들을 서로 공유하면서 많은 소감을 나누게 되었다. 활동을 통해 도출한 갈등의 경험들은 대체로 아래의 내용으로 정리해볼 수 있겠다.

1. 쟁점: 진로문제, 귀가시간, 친구 간 업무분배문제, 생활습관, 데이트 비용분배

2. 당사자: 부모와 자녀, 특정 사회기관과 고객, 연인, 친구, 동료, 선생님과 제자

3. 감정: 스트레스, 답답, 불안, 두려움, 짜증, 초조, 분노, 무서움, 서운함, 좌절

4. 표현: 문제와 갈등을 회피, 포기, 순응, 대놓고 따지고 다툼, 대화를 시도했으나 거절, 무시하는 말투와 행동

5. 진행과 결과: 말로 언성을 높이는 정도의 논쟁단계, 상대에 대해 험담을 하고 다니면서 상황 악화, 관계가 단절되어 회복하고 싶으나 방법을 잘 모르겠음, 현재 서로의 생각을 들어 주고 조율하는 대화가 진행 되는 중

전체적으로 대학생들의 갈등경험은 주로 가족, 친구, 연인, 학교에서의 관계 등에서 일어나는 갈등이 주를 이루고 있었다. 그런 만큼 갈등은 일상의 생활에서 누구나 겪어보았을만한 공통적 갈등 경험들이 많았다. 그러한 경험 속에서도 갈등에 대해 적극적이고 통합적으로 접근하기보다는 부정적 감정과 스트레스에 사로잡혀 갈등을 회피하거나 순응해버리는 경향을 보이는 경우가 많았다. 간혹 휴대전화의 문자메시지나 편지 등으로 대화를 시도한다는 의견도 많았으나, 그러한 노력과 실천에 어려움이 많다는 의견이 지배적이었다. 이렇게 서로의 갈등경험을 소개하고 공유함으로써 학생들은 갈등에 대해 자신만 겪는 것은 아니고, 모든 갈등은 상대적이며 다양할 수 있다는 점을 인식하게 되었다.

• 이처럼 갈등을 쟁점, 당사자, 감정, 표현, 진행과 결과 등의 기준에 맞추어 분석하는 작업은 주관적이고 개인적인 갈등 상황을 조원들이라는 타자들을 통해 객관적으로 응시할 기회를 제공하는 것 같다는 소감으로 이 활동은 정리되었다. 자신의 갈등을 공개하고, 타인의 갈등을 들음으로써 지나치게 자기중심적인 주관을 배제하고 갈등 상황을 객관적으로 이해해보는 좋은 기회를 얻게 되었다는 것이다. 이처럼 갈등 상황을 객관화하고 나서 해결의 실마를 함께 찾아보는 것은 매우 의미있는 작업일 것이다. 혼자 고민하는 문제를 다른 사람들에게 이야기하고 함께 고민하는 과정은 그를 통해 갈등 해결을 위한 선명한 답을 내기보다는 '나누는 그 자체'로 의미가 있다. 인간이 사회적 존재라는 점

에서 자신이 겪는 경험을 타인들과 함께 공유하고 소통하는 과정을 통해 발전, 성장할 수 있음을 다시 한 번 확인했던 시간이었다.

5 진행상의 유의점

- 타인의 갈등 이야기를 들을 때에는 질문하거나, 토를 다는 등의 발언을 하지 않은 채로 들어주는 것이 좋다.
- 갈등 분석의 기준에 따라 상호배타적으로 분석되지 않을 수도 있기 때문에 자신이 분석할 수 있는 정도까지 자유롭게 기술하면 된다.

갈등이야기 분석

갈등이야기 분석에서는 각자 개인이 겪은 대인갈등 중 가장 힘들었던 사례를 이야기해보고 이를 1) 쟁점 2) 당사자 3) 감정 4) 표현 5) 진행과 결과에 맞추어 분석해보는 시간이었다. 우리 조의 첫 갈등이야기는 무거운 주제로 시작하였다. 조원 중 한 명의 아버지께서 자신의 미래직업에 관한 강요를 받아 이뤄진 갈등상황에 대한 이야기였다. 이 주제로 이야기 하다 보니 너무 무겁기도 하고, 또 자신이 이야기하기를 꺼려 결국 가벼운 주제인 귀가시간이 늦어져 부모님과 벌어진 갈등 상황에 관하여 분석을 하기로 하였다. 다음은 이야기를 분석한 결과이다.

1) 쟁점: 귀가시간이 늦어 갈등이 발생－A군해방감, 사회관계증진의 욕구와 부모님안도감과 안정감의 욕구가 충돌
2) 당사자: 부모님과 A군
3) 감정: ① A군: 부모님에 대한 섭섭함, 짜증, 억울함.
   ② 부모님: 걱정, 속상함, 불안함.
4) 표현: 늦은 귀가시 말다툼과 통금 시간에 대한 압박감을 주심, A군은 말로 반발함
5) 진행과 결과: 이후 과제 등으로 늦어지는 일이 많아지자 부모님께서 A군을 이해해 주시고 계심, 대신 A군은 늦은 귀가가 예상될 시에 미리 집에 전화로 사유를 이야기함.

다른 조의 경우 재미있는 갈등상황도 많았다. 수업에서 3가지 사례를 보았는데 모두 갈등의 상황과 유형이 달라 흥미로웠다. 처음 갈등은 진로에 대한 아버지와의 갈등으로 우리 조의 첫 번째 사례와 똑같지는 않지만 유사한 면을 가지고 있었다. 그 조의 당사자의 경우, 가출이라는 극단적인 선택을 하였지만, 본인의 의지덕분에 결국 아버지로부터 화가라는 진로를 인정받게 되었다. 긍정적인 결말을 맺었으나 극단적인 선택이었기 때문에 갈등상황에서의 표현이 다양하고 선택 가능하지만, 당시 상황에서는 다른 방법이 보이지 않는다는 것에 대하여 생각해보게 되었다.

두 번째 사례는 특이하게도 부재자 투표와 관련된 갈등이었다. 얼핏 사과를 받고 신속하게 해결될 수 있는 상황에서 상대방의 감정을 건드리는 말을 하여 결국 신문사에서 취재를 하게된 사건이었다. 만약 선관위 관리자가 간단한 사과와 처리의지만 보였어도 공론화까지는 가지 않을 수 있는 사건이었기 때문에, 지난 프로그램 중 말이 가진 위력을 다시 한 번 생각해볼 수 있었던 것 같다. 세 번째 사례는 자신의 독특한 취미활동 때문에 여자친구와 결별하게 된 사연이었다. 이는 갈등의 원인이나 방식이 심리학 쪽에 가깝고 여자의 심리를 파악한 결과 같이 시간을 보내며 애정을 확인하고 싶은 욕구가 있던 사연의 전 여자친구를 이해할 수 있게 되었다. 이처럼 본인의 사연을 객관화시켜서 그 사람의 욕구를 생각해보고 본인의 입장을 정리하여 보니 본인만이 생각했을 때는 보이지 않던 문제점과 갈등해소 방법이 의외로 쉽게 나오는 경우가 있다는 것을 알게 되었다.

활동 GUIDE

05 갈등 역할극

1 소개

일상생활 속에서 누구나 쉽게 접할 수 있는 갈등 상황을 가정하여, 갈등을 고조시키는 대화와 갈등을 해결하는 대화를 역할극으로 시연해봄으로써 바람직한 대화의 방법을 깨닫도록 한다. 갈등 상황에서 대립 양상의 갈등 역할극을 경험하고, 그 과정에서 갖게 되는 감정을 공유한다.

2 준비

1) **활동방식**

가상의 특정 상황을 선정하여 팀별로 역할극을 진행하도록 한다. 역할극은 갈등 고조 상황과 갈등해결 상황의 두 가지로 시연해보도록 하고, 이후 소감을 발표하여 공유한다.

2) **준비물** 칠판가상의 갈등 상황 기록

3) **진행시간** 1시간

3 실행

- 가상의 갈등 상황을 선정한다. 예를 들면, 여름휴가철 배낭여행을 가겠다는 자녀와 이를 반대하는 부모가 대립하는 갈등 상황, 혹은 데이트비용을 계속 남자가 지불하는 것에 대한 불만을 여자에게 토로하는 갈등 상황과 같은 일상에서 누구나 직간접적으로 겪을 수 있는 상황으로 선정한다.

- 팀별로 갈등 상황을 선택하게 하고, 상황에 맞게 역할을 결정한다.
- 역할을 결정하고, 갈등 고조 양상의 대화와 갈등해결 양상의 대화를 하도록 한다.
- 역할극을 시연하고, 역할극 당사자의 소감과 관찰자 입장의 소감을 전체 발표를 통해 공유한다.

4 의미와 발견

역할극role-play은 갈등 당사자들의 욕구들을 찾아내고, 이 욕구들을 서로 인식하고 공유하도록 하는 강력한 커뮤니케이션 기법이다. 또한 역할극은 갈등당사자들이 대체로 가지는 갈등의 원인에 대한 타인 귀속적 성향을 불식시키고, 자기 책임에 대한 통찰을 가능하게 함으로써 스스로에게도 갈등에 대한 책임의 일단이 있다는 점을 성찰하게 하는 방향성의 전환을 실현하게 해 줄 수 있다. 즉 갈등 주체에게 갈등 상대방의 역할을 수행하게 함으로써 상대의 입장을 들여다볼 기회를 제공하게 하면서 갈등과 문제, 사람을 분리하는 것을 가능하게 한다는 것이다.

가장 중요한 것은 역할극은 당시 상황에서 상대가 지녔던 입장과 감정, 욕구들을 인정할 수 있는 계기를 마련할 수 있다는 것이다. 역할극을 수행하게 되면 심층적으로 파악된 자신들의 욕구와 감정을 기반으로 하여 인식 전환 및 대안으로의 욕구가 좀 더 빠르게 도출될 가능성이 열리게 된다. 이러한 점에서 역할극은 갈등 대처와 해결에 아주 효과적인 커뮤니케이션 기법이라고 할 수 있다.

한편, 갈등 고조 양상의 대화에서는 문제만 언급하거나 상대를 비난하는 내용의 말로 일관되는 특성을 찾아내게 되고, 갈등해결 양상의 대화에서는 사안을 구체적으로 규명하여 표현하고, 격려와 칭찬이 동반되는 내용이 주를 이룬다는 것도 알 수 있다. 또한 표정과 눈빛과 같은 비언어 처리의 차이도 갈등 역할극 속에서 몸소 체험할 수 있다. 이를 통해 실제 갈등 상황에 직면했을 때 어떠한 방식의 대화가 바람직한지를 스스로 깨달을 수 있게 되는 것이다.

▲ 활동 포인트

역할극은 일상생활에서 경험하는 갈등 상황을 좀 더 분명하게 인식함으로써 자신이 아직 발견하지 못했던 자신의 행동을 보고, 타인의 행동을 자신이 직접 경험함으로써 객관적으로 갈등 상황을 해결할 수 있는 기법이라는 것을 실제 체험을 통해 느끼게 되었다는 소감들이 많았다. 이처럼 역할극은 자신이 겪어보았거나 겪어보지 않은 여러 갈등을 실제 상황으로 설정하고 직접 그 상황에 맞게 연기를 해보는 방법이다. 즉 역지사지를 체험해볼 수 있는 강력한 소통방식이라고 할 수 있다.

따라서 우리는 역할극을 통해 상대방의 입장을 연기함으로써 상대방의 입장을 더욱 잘 이해하게 되고, 다른 사람이 자신의 입장을 연기함으로써 자신의 행동을 객관적으로 보고 잘못된 점을 인식할 수 있다. 또한 상호 작용이 잘 이루어지기 때문에 친근감과 함께 공동체 의식이 생긴다.

5 진행상의 유의점

- 가상의 갈등 상황은 팀별로 다양하게 주어지도록 해도 무방하다.
- 팀 내에서 갈등 역할극을 하는 당사자와 관찰자의 입장을 분리하여 역할극을 실행한다.

갈등 역할극

갈등 역할극의 주제는 연인 사이의 "데이트 비용" 문제였다. 데이트할 때마다 남자가 비용을 내고, 매번 반복되는 지출에 대해 여자친구에게 불만을 품게 된 상황이라고 가정하고 역할극이 이루어졌다. 나는 여기서 여자친구의 입장이 되어서 역할연기를 하게 되었다. 먼저 두 사람 모두 갈등 해결의 의지가 없어 갈등이 고조되는 상황일 때의 역할극일 때, 서로 주고받는 대화의 내용이 모두 분노를 표출하거나 상대를 비난하는 내용으로 가득 찼다. 반대로 서로 갈등 상황을 좋은 방향으로 해결하고자 하는 대화를 시도하는 역할극에서는 상대에 대한 공감, 배려, 이해, 사과, 행동수정, 미래에 대한 약속 등에 대해 이야기들을 하게 되었다.

이 두 가지 역할극에서 여자친구로서 연기하면서, 그 역할에 충실히 하려고 노력했다. 그런데 이상하게도 이게 연기이고 분명히 역할극인 줄 알면서도, 갈등 고조 상황의 대화에서는 마음 속에서 뭔가가 불끈불끈 화가 나고 어떻게 하면 상대 남자친구에게 아주 강한 '한 방'의 표현을 할 수 있을까 하는 생각이 들었다. 그런 생각이 들다 보니, 이상하게 말이 빨라지고 표정이 일그러지는 나 자신을 느낄 수 있었다. 상대 남자를 맡은 친구 역시 내가 한 말은 듣기는커녕 자신의 할 말에 집중하면서 언성을 높이고 있다는 느낌이 강하게 들었다.

그런데 반대로 갈등을 해결하는 대화의 역할극을 실행할 때는 말이 쉽게 떨어지지 않았다. 아주 슬기로운 여자친구가 되어 상대를 배려하는 구실을 하고 싶다는 생각이 강하게 들면서 그에 적합한 말들이 어떤 것일까? 순간순간 고민하게 되었다. 이처럼 대립적인 두 상황에 직면했다는 것을 가정하여 역할에 따라 연기를 해보는 경험만으로도 상황이 정말 정반대로 흘러갈 수 있는 것이라는 것을 느끼게 되었고, 실제 나는 일상생활에서 이런 상황이었을 때 어떤 태도를 보였는지 반성도 되었다. 상대를 화나게 하지는 않았는지, 내가 너무 내 주장만 하지는 않았는지를 말이다. 연기를 하려다 보니 다소 어색함이 없지 않아 있었지만, 역할극을 통해 내가 겪었던 경험과 비교를 해보거나, 상대방의 입장과 감정을 체험하면서 역지사지의 마음을 항상 가져야겠다고 다짐을 하게 된 시간이었다.

5

스피치 커뮤니케이션 효과적 전달

01 말 잘하기 위한 과정은 적절성을 찾기 위한 끝없는 여정이다

최근 우리 사회에서는 커뮤니케이션 능력, 그 중에서도 말하기 능력에 대한 관심이 증대되고 있다. 국내 기업의 사원 채용 전형에서 면접이 차지하는 비중이 점점 커지고 있으며 그 방식 또한 프레젠테이션 면접, 토론 면접, 다수 대 다수의 면접, 자기 PR 100초 스피치 등으로 다양해지고 있다. 사회가 요구하는 인재상이 변화함에 따라 화술이나 스피치, 토론에 관한 각종 서적이 쏟아져 나오고 있고 각 대학에서도 앞다투어 관련 수업과 특수교육과정을 마련하고 있다.

모두 커뮤니케이션 능력, 즉 스피치 역량의 연마를 통해 타인으로부터, 그리고 사회로부터 좋은 평가를 받기 위한 노력의 발로이다. 그렇다면 어떤 훈련을 통해 어떤 능력을 갖추어야만 말 잘하는 사람으로 인정받을 수 있을까?

스피치 달인의 조건

2500여 년 전 말을 통해 상대를 설득하는 방법, 수사학Rhetoric을 체계적으로 정립한 아리스토텔레스는 효과적인 설득을 위해 갖추어야 할 세 가지 필수요소를 지적한다. 논증 혹은 논거 방식의 논리성을 의미하는 로고스logos, 청중의 심리적 경향, 욕구, 정서에 대한 호소를 뜻하는 파토스pathos, 말을 믿게 하기 위해 화자 자신이 갖추고 있어야 할 인품을 포괄하는 에토스ethos가 그것이다.

'말 잘하는 방법', '효율적으로 전달하는 전략'에 대해 우리보다 일찍 관심을 두고 연구하기 시작한 미국 중심의 서구 커뮤니케이션 학자들은 '능력 있는 연사' 양성에 초점을 맞추어 위 요소 중 에토스를 집중적으로 규명하고자 하였다. 에토스는 현대 커뮤니케이션학에서 '공신력credibility'이라는 개념으로 널리 연구되고 있는데, 많은 학자의 주된 관심사는 공신력의 하위 구성요소를 밝히고 그 개념을 구성하는 요인을 도출해내는 것이었다. 개념이 명확해야만 '능력 있는 연사로의 도약을 위해 각 개인에게 줄 수 있는 전략적 지침'이 완성될 수 있기 때문이다. 많은 논의를 거쳐 이들이 규명한 공신력의 구성요인은 전문성expertise, 신뢰성trustworthiness, 역동성dynamism으로 압축할 수 있다.

전문성은 연사의 능력, 자질, 자격, 지식, 경험, 권위 등을 의미하고 청중은 스피치에서 연사의 증거사용, 언어사용, 복장, 교육경험, 나이, 사회적 배경 등을 보고 그 연사의 전문성을 평가한다. 신뢰성은 인격, 도덕성, 선의, 개방성, 객관성, 성품 등을 의미하며 청중은 친절함, 친근함, 청중과의 유사성, 용모, 표현방법 등에 근거하여 신뢰성을 판단한다. 역동성은 정열, 박력, 매력, 사교성, 외향성 등의 개념으로 구성되고 청중은 연설 중 연사의 확신표출, 몰입도, 진지함 등의 영향을 받아 연사의 역동성을 인지한다.

본연의 나와 보여지는 나

청중이 스피치를 들을 때, 우리는 흔히 스피치의 내용을 기준으로 연사의 스피치 능력을 평가한다고 생각한다. 그래서 내일 중요한 발표나 면접이 있을 때 '내용을 어떻게 구성할지'를 고민하느라 오늘 하루를 다 소비한다. 그러나 미국의 커뮤니케이션 학자 메라비언Albert Mehrabian은 이러한 준비의 성공 가능성에 대해 반론을 제기한다. 청중이 스피치를 평가할 때 비언어적인 요인이 미치는 영향이 93퍼센트이며, 내용은 7퍼센트의 영향력을 행사할 뿐이라는 것이다. 이것이 이른바 '메라비언의 법칙The Law of Mehrabian'으로, 구체적으로 무엇을 말하는가가 평가의 7퍼센트를 차지한다면, 어떤 전달방법을 사용하여 말하는가가 38퍼센트, 어떤 모습과 태도로 말하는가가 55퍼센트를 차지한다는 것이다.

메라비언

심리학자이자 캘리포니아 대학교 로스앤젤레스 캠퍼스 심리학과 명예교수. 그가 발표한 메라비안의 법칙은 중요한 커뮤니케이션 이론으로 자리 잡았다. 메라비언의 법칙은 상대방으로부터 자기 이미지를 드러낼 때, 시각이 55퍼센트, 청각이 38퍼센트, 언어가 7퍼센트의 비율로 작용한다는 법칙.

실제로 우리가 연사의 스피치 능력을 평가할 때, 스피치의 내용 외에 연사의 전문성, 신체적·사회적 매력, 신뢰감, 태도 등 연사의 이미지로 표현되는 요소들과 비언어적 요소에 의해서도 크게 영향을 받는다. 단순히 성량, 음률의 고저, 속도, 발음, 군말, 잠시 멈추기의 사용 같은 음성적 요인과 눈 맞춤, 자세, 표정, 제스처, 불필요한 동작 등과 같은 시각적 요인들과 함께 말 가로막기, 머리 끄덕임, 미소, 눌변 등과 같은 행동들도 동화/지지, 사회적 긴장완화, 감정이입, 행동적 융통성, 상호작용관리 능력을 표출하는 하나의 단서가 된다. 이러한 단서들이 모여 청중이 인지한 연사, 즉 '보여지는 나'가 완성된다.

적정률

로마시대의 수사학자들이 강조한 단어로 르네상스를 거치면서 최고의 예술적 요소로 강조되었다. 특히 문학작품에서 장르, 등장인물과 행위, 문체와 어투 등이 서로 잘 맞아 어울리는 것을 이르는 말.

이때 커뮤니케이션 능력, 말 잘하는 연사를 '화자의 권위, 자질과 강점을 극대화'하는 차원에서만 교육하고 양성한다고 생각해보자. 그 연사는 '보여지는 나'의 모습을 인지하지 못하고 나르시시즘에 빠져 자신의 주장과 전달방식을 늘 옳다고 믿고 자신의 커뮤니케이션 수단과 능력만을 과시적으로 드러내게 될 것이다. 이 상태가 심화되면 청중의 입장에서는 그가 어떠한 말을 해도 곧이들리지 않고 어떤 수단을 써도 감흥 하지 않게 되는, 소통하려고 노력하면 할수록 점점 더 불통의 길로 들어서게 되는 안타까운 상황을 맞이하게 된다. 우리 사회의 몇몇 정치지도자들, 재력가들, 기업의 수장들에게서 최근 흔히 목격될 수 있는 사례이다.

스피치는 적정률 찾기 게임

2000여 년 전 로마인의 언어 중 적정률decorum이라는 말이 있다. '적당한', '알맞은'이라는 뜻으로 적자생존을 설명하기 위해 진화론에서 사용하기도 하지만 '연사의 발언은 청중에게 알맞아야 호응을 얻는다'는 의미로도 사용되었다.

현대의 수사학자 케네스 버크Kenneth Burke는 이것을 '가장 단순한 설득'이라 지칭하면서 '한 사람을 설득려면 말, 몸짓, 어투, 이미지, 태도, 생각 면에서 그와 같은 언어와 같은 방식을 보여주어야 한다'고 재강조한다. 설득을 위해 연사가 심혈을 기울여 구성한 내용, 설정한 이미지는 청중의 정서와 기대에 들어맞아야만 힘을 발휘할 수 있다는 것이다.

'말 잘하는 사람'이 되는 과정은 결국 연사와 청중 사이, 본연의 나와 보여지는 나 사이, 그 불확실성과 예측가능성 사이의 적절성을 끊임없이 찾아가며 적응해가는 여정이다.

활동 GUIDE

02 말 잘하는 사람이란?

1 소개

방송인, 정치인, 사회 저명인사 등 유명인 중 평소 말을 잘한다고 생각하는 사람을 선정하고, 그 사람의 어떤 점이 그렇게 생각하게 만드는지 그 이유를 밝힌다. 이를 함께 공유함으로써 '말 잘하는 사람이 갖추어야 할 조건'이 무엇인지 생각해본다.

2 준비

1) **활동방식**

조별 논의를 통해 말 잘하는 사람을 뽑고 그렇게 생각하는 이유를 정리하고 발표를 통해 전체가 함께 공유한다.

2) **준비물** 조 편성, 전지, 매직

3) **진행시간** 1시간

3 실행

- 조별로 논의를 통해 유명인 중 말 잘하는 사람을 각각 5명씩 뽑고, 그 사람들이 왜 말 잘하는 사람이라고 생각하는지 그 이유를 구체적으로 밝힌다.
- 조별 논의 결과를 전지에 기록하고, 그 결과를 전체와 공유한다.
- 전체적으로 선정된 인물과 언급이유 중 유사한 면이 있는 인물끼리 묶어본다분류와 분석시 『스피치 달인의 조건(136쪽)』 참조.

- 위의 과정을 통해 말을 잘하는 사람이 갖추어야 할 요건에 대하여 논의하고 공유한다.

4 의미와 발견

의견들을 종합해보면 '능력 있는 연사', '말 잘하는 사람'을 정의하기 위해서는 우리가 기존에 고정관념처럼 가지고 있던 연사의 인지도나 세련된 전달력만으로는 설명하기 어려운 부분들이 있음을 발견할 수 있을 것이다. 논리적으로 주장을 세우는 것보다 듣는 사람이 이해하기 쉽도록 '중재와 정리'하는 능력, 자신의 능력을 내세우기보다는 '타인을 배려하고 돋보이게'하는 능력, 청중의 생각과 감성을 자극하는 '은유적, 시적 표현'을 사용하는 능력, 자신의 권위와 지위를 오히려 내려놓아 '탈권위로 공감을 불러일으키는' 능력, 높은 학벌 소유자임에도 전문영역의 이야기를 청중이 쉽게 이해할 수 있도록 설명하는 '청중 눈높이 발언' 등이 그것이다. 이 지적들의 공통점은 모두 '청중'의 경향, 욕구와 정서에 대한 배려와 공감, 즉 아리스토텔레스가 제시한 설득의 3요소 중 '파토스'를 향하고 있다는 것이다.

이 지점에서 우리는 그 간 말 잘하는 사람이 되려고 각종 실용서에서 제시한 지침들을 토대로 자신을 훈련해왔던 방법들을 반추해 볼 필요가 있다. 전문성, 신뢰성, 역동성 요소를 두루 갖춘 공신력 있는 연사가 되려고 내 기준에서 열심히 훈련하고 노력해왔던 것들이 정작 청중으로부터 인정받지 못한다면 무용지물이 될 수 있다는 것이다.

ACTIVITY

▲ 활동 포인트

활동 결과 학생들이 말을 잘한다고 생각하는 사람으로는 정은아방송인, 강호동방송인, 진중권교수/평론가, 거스 히딩크축구감독, 노홍철방송인, 이적가수, 김태원가수, 유희열가수, 노무현前 대통령, 이소라가수 등이 언급된 가운데, 많은 표를 받은 사람은 손석희교수/전 아나운서, 스티브 잡스前 애플사 CEO, 유재석방송인, 김제동방송인이었다.

흥미로운 것은 말 잘하는 사람으로 이 인물들을 꼽은 이유이다. 손석희를 꼽은 사람들은 '서로 다른 의견들을 중재'하며 '논리적으로 정리를 잘하고 조리있다'는 것을 말 잘한다고 생각하는 이유로 들었다. 스티브 잡스를 꼽은 사람들은 '간결하면서도 풍부한 표현력', '메시지를 돋보이게 하는 퍼포먼스', '적절한 예시와 표현' 등을 그 이유로 꼽았다. 유재석을 꼽은 이유로는 '다른 사람을 돋보이게 하는 말하기', '적절한 유머 사용', '타인을 배려하는 매너' 때문이라는 지적이 많았고, 김제동을 롤모델로 삼고 싶은 이유로는 '듣는 이가 생각할 수 있도록 자극', '여운이 남는 시적·은유적 표현 사용'을 꼽았다.

이 지적들의 공통점은 모두 '청중'의 경향, 욕구와 정서에 대한 배려와 공감, 즉 아리스토텔레스가 제시한 설득의 3요소 중 '파토스'를 향하고 있다는 것이다. '권위 있다', '전문적이다', '사람 좋다', '믿을만하다', '매력있다', '열정적이다', 심지어는 '논리적이다'는 판단까지 모두 대상 청중의 기준에서, 그 청중에 의해 인지되고 인정받지 못한다면 힘을 발휘하지 못한다는 것이다.

이러한 발견을 통해 우리는 그동안 발표를 위해, 면접을 위해, 성공적인 프리젠테이션을 위해 중점을 두고 준비해왔던 요소들을 재점검해볼 필요가 있다. 가장 중요한 것은 이 부분이 아닐까? 스피치 커뮤니케이션의 한 축을 준비된 연사인 '내'가 담당한다면 다른 한 축은 '청중'이 차지한다는 것, 양측의 기대와 소망이 맞닿는 접점을 발견해낸다면 양측 모두 만족하는 결론에 근접할 수 있다는 것.

5 진행상 유의점

- 말 잘하는 사람을 선정할 때, 최대한 구체적으로 그렇게 생각하는 이유를 말하도록 독려한다.
- 조별 논의 결과를 공유하고 나서 설득의 3요소나 공신력의 3가지 요소 등을 적용하여 분류하고 의미를 발견·해석할 수 있도록 독려한다.

말 잘하는 그들에게는 특별한 이유가 있다?

의견이 활발하지 않아 어려움을 느꼈던 활동이다. 국민 MC 유재석으로 운은 띄워졌지만, 그 이후로 다들 골똘히 생각만 하고 있었다. 우리는 다른 사람을 평가하는 데 인색한 것일까. 혹은 사실 우리는 그런 분야에 생각보다 관심이 없던 것일까. 내 경우에는 후자에 가까운 것 같다. 사실 여태까지 말 잘하는 사람에 대해 주의 깊게 생각해본 적이 없다. 스피치 분야를 전공하는 나로서는 약간 충격이었다. 그러다 얼마 전 모 오디션 프로그램에서 심사위원이자 멘토로 활약했던 김태원이 떠올랐다. 오디션 심사위원이라 함은 상대방을 냉철히 평가하고 때에 따라 냉정하게 비판하는 자리이다. 그런 역할의 그가 말을 잘한다고 느낀 것은 상대방에 대한 비평조차도 듣는 사람이 기분 좋을 만큼 따뜻하게 말한다는 점에 있었다.

우리는 살면서 필요에 의해 남에게 안좋은 소리를 하게 되지만 그 때문에 상처를 주기도 한다. 만약 우리가 모두 김태원처럼 상대방의 마음을 고려하여 따뜻하게 비평하는 능력이 있다면 얼마나 아름다운 사회가 될까 생각해보았다.

이야기를 이어나가 우리 조에서는 유재석, 손석희, 김제동, 김태원, 히딩크를 선정했고, 다른 조와 의견을 취합하니 유재석, 손석희, 김제동, 스티브 잡스가 선정되었다.

많은 사람이 이렇게 분명한 이유가 있을 것이다. 그렇다면 그 이유는 무엇일까? 우리는 모인 사람들의 목록을 가지고 이야기를 이어나갔다. 이 인물들을 아리스토텔레스의 설득의 3요소와 공신력 요인에 따라 분류하였더니 그들이 왜 매력적인 화자인지, 어떤 점이 뛰어난지 알아볼 수 있었다.

전문성의 영역이 뛰어나다고 판단된 손석희, 스티브 잡스. 신뢰성이 뛰어나다고 판단된 유재석, 노무현. 역동성이 뛰어나다고 판단된 강호동, 김제동. 이렇게 보니 같은 영역에 있는 사람들에게서 어떤 공통점이 보였다. 분류작업을 통해 그들의 특징을 파악하고 나니 막연하기만 했던 '말을 잘하는 것' 에 조금 실체가 생겨나는 듯했다. 그리고 공통점뿐만이 아니라 그들 각각이 가진 다른 점들을 파악해보는 것 역시 다양한 종류의 스피치 능력을 깨닫는 데 본보기가 되었다. 나 역시 이들처럼, 동시에 이들과 다른 매력으로 말 잘하는 사람이 되길 고대해본다.

활동 GUIDE

03 이미지 게임

1 소개

자신이 생각하는 자기 자신의 이미지와 타인이 나를 봤을 때 느껴지는 이미지를 각각 그려보고 비교해본다. 이를 통해 '본연의 나'와 '보여지는 나' 사이에 차이가 있는지, 차이가 있다면 어떤 차이가 있는지, 그 차이가 발생하는 원인이 무엇인지를 생각하고 논의해본다.

2 준비

1) **활동방식**

자신이 생각하는 자신에 대한 이미지 형용사를 선정하고 나서 조원 간 상호 이미지 형용사 골라주기

2) **준비물** 조 편성, 이미지를 표현하는 형용사 목록부록 03, 232쪽, 접착식 메모지 소형, 전지, 매직

3) **진행시간** 1시간

3 실행

- 이미지를 표현하는 형용사 목록에서 자신의 이미지에 가까운 형용사를 5개 골라 접착식 메모지에 적는다. 그리고 그 형용사를 종합하여 '내가 그리는 나의 모습'을 한마디로 정의한다.
- 조원들끼리 상호 상대의 이미지를 가장 잘 표현한다고 생각하는 형용사를 5개씩 골라 접착식 메모지에 적어준다.

- 자신이 고른 형용사와 조원들이 골라준 형용사 간에 어떤 공통점과 차이점이 있는지 분석해보고, 차이점을 중심으로 왜 그런 차이가 발생했는지 조원들 간 의견을 교류한다.
- 조별 논의 결과 특이했던 점을 전지에 정리하여 전체와 공유한다.

4 의미와 발견

우리는 연사로서 우리 자신의 모습과 청중의 인식 간에 틈이 실제로 존재하는지, 있다면 얼마나 있는지 알아볼 필요가 있다. 연사가 작성한 원고와 이를 통해 전달하고자 하는 의도대로 청중들이 받아들이고 화자의 이미지를 정해주면 좋겠지만, 반드시 일치하지 않는 때도 있기 때문이다.

청중이 스피치를 평가할 때, 우리는 흔히 스피치의 내용을 기준으로 연사의 스피치 능력을 평가한다고 생각한다. 그러나 앞서 밝힌 바대로 스피치 커뮤니케이션학의 유명한 연구결과, 이른바 '메라비안의 법칙'은 이에 대한 반론을 제기한다.

청중은 상황과 자신의 문화, 사전지식 등에 기반을 두어 연사가 미처 인지하지 못한 아주 작은 부분에도 민감하게 반응하고 연사와 설득을 판단한다. 이 부분에서 특히 우리가 그동안 간과해온, 연사의 말하기를 판단하는데 93퍼센트의 영향력을 행사하는 '비언어'가 큰 영향을 미친다. 그러나 특정한 상황에서 특정한 청중에게 어떤 비언어적 요소들이 어떻게 영향을 미칠지 연사 홀로 진단해내기는 쉽지 않다. 따라서 끊임없이 상호작용과 피드백/반영 과정을 통해 청중과 화자 사이의 괴리감을 줄여나가야 한다. '본연의 나'와 '보여지는 나'를 일치시키는 것. 원활한 소통을 위해, 어렵지만 매우 중요한 일이다.

▲활동 포인트

자신이 원하는, 혹은 그렇게 보인다고 생각하는 자신의 이미지와 조원들이 판단해준 자신의 이미지를 비교해본 결과 다음과 같은 재미있는 사례를 얻었다.

• 사례1: '당당한 나'로 보이고 싶은 조원

다른 조원들이 본 이미지:
사람 좋은 / 진지한 / 순응하는 / 수줍음 타는 / 내성적인 / 겸손한 / 온화한 / 잘 들어주는

• 사례2: '논리적으로 말하는 나'로 보이고 싶은 조원

다른 조원들이 판단한 이미지:
수줍음 타는 / 상냥한 / 사람 좋은 / 내성적인 / 온화한 / 완고한 / 논리적인 / 잘 들어주는 / 사교적인

• 사례3: '재치있고 부드러운 나'로 보이고 싶은 조원

다른 조원들이 본 이미지:

의지가 강한 / 독립적인 / 신중한 / 친절한 / 차분한 / 분석적인 / 사려 깊은 / 사람 좋은

이렇게 얻은 결과에서 우리가 주목할 것은 조원들이 골라준 형용사 중 자신의 기대와 거리가 있는 단어들이다. '당당한 나'로 보이기를 기대했던 친구는 '수줍음 타는', '내성적인', '순응하는' 등의 이미지가 자신의 어떤 면에서 비롯되었 는지를 알아야 할 필요가 있다. '재치있고 부드러운 나'로 보이고 싶은 친구는 자신의 어떤 면이 의지가 강하고 독립적이며 분석적으로 비치는지를 파악할 필요가 있다.

이러한 차이는 대부분 말투, 억양, 표정, 눈빛, 자세, 옷차림과 외모 등 비언어적인 요소에 의해 발생한다. 자신이 인지하지 못하는 사이에 내가 만나는 사람들은 나의 비언어적인 면을 경험하고 이러한 판단을 내린다는 것이다. 한 번 형성된 첫인상과 이미지는 변하기 어렵다는 점, 비언어적인 요소는 습관화되어 무의식중에 지속적으로 발현된다는 점을 고려할 때 이미지 변화를 꾀하고 있다면 심각하게 분석해야 할 부분이다.

이러한 차이를 인식하지 못하고 소통에 임하고 또 실패를 경험하게 되면 소통 실패의 원인을 찾아내기는 어려워진다. 기대와 전제가 다른 상태에서 시작한 소통이 양측 모두를 만족하는 결과를 내기는 어렵기 때문이다.

5 진행상 유의점

- 이미지를 표현하는 형용사 목록은 지속적으로 추가·보완하도록 한다.
- 자신과 서로에대한 이미지 형용사를 각각 선정하고, 특히 차이가 많은 점을 중심으로 그 이유를 분석해보도록 권유하고, 어떻게 하면 그 차이를 줄일 수 있을지를 논의하도록 한다.
- 자신이 생각하는 이미지와 타인이 나를 보는 이미지 간 차이가 클 경우, 어떠한 문제가 발생할 수 있을지 논의하도록 독려한다.

I와 me 사이에서 나를 바라보기

이번 활동의 시작은 내가 남들에게 보이고 싶은 이미지를 생각해서 문장으로 써보는 것이었다. 나는 쉽사리 쓰지 못했다. 순간 놓치고 싶지 않은 많은 이미지가 머릿속을 휘저었기 때문이다. 곰곰이 생각하고 먼 훗날 이루고 싶은 하나의 모습을 골라냈다. 사실 적는다고 얻어지는 것도 아니고, 안적는다고 포기되는 게 아님에도 나를 비롯한 우리는 이미지를 골라내어 남들에게 소개한다는 것에 대해 굉장히 조심스러웠다는 점이 흥미로웠다. 아마 아무것도 놓치고 싶지 않은, 자기를 사랑하는 마음들이 이런 활동에서 강하게 발휘되는가보다.

선생님께서 이미지를 표현하는 형용사가 가득 적힌 유인물을 나누어 주셨다. 조원들 각각의 이미지를 그 목록에서 다섯 가지씩 골라주라는 지시였다. 직관적으로 골라내는 일이라 간단하고 쉬운 일 같았지만 그렇게 쉽지는 않았다. 조원들끼리 아직 얼마 보지 않은 사이라 이미지를 평가하기에는 충분치 않다고 생각되었기 때문이다. 하지만 오히려 현실적이었는지도 모른다.

우리는 불과 며칠, 몇 시간, 아니 몇 분만에라도 이미지가 평가되고 반대로 남을 평가하기도 하니까. 불충분할지라도 3~4일간의 정보를 바탕으로 예리하게 조원들의 이미지를 담아내는 형용사를 골라냈다.

결과를 다 같이 살펴보는 시간은 특별히 소중하게 느껴졌다. 평소에 나는 나의 시선으로 바라보는 I 로서의 나만 알고 사는데, 이 활동을 통해 다른 사람의 시선에 의해 보이는 Me로서의 나를 알게 되었기 때문이다.

내 경우에는 중복된 이미지가 주를 이루었다. 개성이 강하다는 것으로 해석할 수도 있고 한편으로는 이미지가 너무 정형화된 것으로 볼 수도 있을 것 같다. 어쨌거나 이 활동을 통해 앞으로 2단계의 자기 계발을 해야겠다는 결론을 내렸다.

1단계: 이상적인 I에 가깝게 다가가기.
2단계: I 와 me의 틈을 줄여 점차 같아지기.

훗날 내가 바라는 나의 모습대로 다른 이들이 봐주고 있다면 어느 정도 성공한 인생이 아닐까 싶다.

활동 GUIDE

04 무대 공포
나만 바보 같다는 착각

1 소개

지금까지 살아오면서 자신이 겪은 무대 공포 사례, 그때 나타났던 증상, 마음 아팠던 기억을 솔직하게 이야기하고 공유한다. 이 과정을 통해 무대 공포와 그에 수반되는 증상이 자신에게만 있는 바보 같은 일이 아니라는 점을 인식한다. 반대로 성공적으로 발표나 토론, 협상 등을 마무리했을 때는 어떤 준비들을 했는지를 공유함으로써 무대 공포를 줄일 방법을 모색해본다.

2 준비

1) **활동방식**

조원들이 경험한 최악의 무대 공포 경험 사례와 그때 나타난 증상을 서로 이야기하고 조별 최악의 사례를 뽑아 공유한다.

2) **준비물** 조 편성, 전지, 매직

3) **진행시간** 1시간 30분

3 실행

- 편성된 조 안에서 개인별로 돌아가며 무대 공포로 인해 창피했던 경험을 말하고 그때 어떤 증상이 나타났는지를 말한다.
- 조원들이 무대 공포를 느낄 때 보였던 증상들을 전지에 정리하고, '우리 조 최악의 무대 공포 사례'를 선정하여 전체와 공유한다.

- 조별 발표와 공유가 끝나고 나서, 성공적이었던 발표 경험과 무대 공포 각 증상의 완화에 도움이 되는 비법들을 자유롭게 말한다.

4 의미와 발견

스피치를 위한 모든 준비를 마쳤다고 생각하면서도 다수의 청중 앞에서 말하기 어려워하고 조직의 대표로 발표하기 꺼리게 되는 이유는 무엇일까? 많은 사람은 '떨리기 때문'이라고 대답한다. 정확히 말하면 '떨림에 의해 말할 내용을 잊거나 도중에 실수하여 발언을 만족스럽게 마무리하지 못할 것에 대한 두려움' 때문이다. 자신의 스피치가 부정적으로 평가될 것이라고 믿는 이 두려움과 긴장을 커뮤니케이션학에서는 무대 공포, 발표 불안, 스피치 공포 등의 이름으로 부른다.

사람은 본능적으로 타인에게 잘 보이고 싶은 욕구, 인정받고 싶은 욕구가 있다. 누구나 똑똑해 보이고 싶고, 믿음직해 보이고 싶고, 매력 있어 보이고 싶다. 무대 공포는 스피치 도중 발생할 수 있는 어떤 '불행하거나 위협적인 무엇'이 우리의 이러한 욕구를 심각하게 침해할지도 모른다는 심리적 불안감에서 비롯된다. 과거에 실제로 그러한 불행한 경험을 했거나 목격한 적이 있다면 불안감은 더 커지게 된다.

무대 공포를 느낄 때 우리에게 나타나는 증상은 매우 다양하다. 많은 사람이 몸을 좌우나 앞뒤로 흔든다거나 식은땀을 흘린다. 어떤 사람은 입이 굳고 발음이 부정확해지기도 하며 말이 빨라지고 같은 말을 계속 반복하기도 한다. 자세와 제스처가 어정쩡하고 어색해지고, 시선 처리가 부자연스러워지며 청중을 회피하기도 한다. 머릿속이 하얘져 아무 생각도 나지 않는 일도 있고, 급기야 손과 몸이 떨리고, 어색한 표정을 짓게 된다. 누군가는 '어… 그… 인제…' 등 군말을 자주 쓰게 되며, 교탁이나 단상에 기대어 의지하기도 했다. 알게 모르게 깊은 내상을 입혔던 우리 생애 한 장면들이지만, 이러한 과정을 공유하면서 한 가지가 분명해지는 점이 있다. 누구나 조금씩은 무대 공포를 느끼고 있다는 것, 그 불안감을 표출하는 방식이 사람마다 다를 뿐이라는 것.
심리학자 리어리Mark R. Leary는 무대 공포를 다음과 같은 공식으로 설명한다.

$$* \text{무대 공포증} = \frac{\text{스피치 결과의 중요성}}{\text{성공적인 스피치에 대한 예상}}$$

무대공포를 줄이려면 분모를 늘리고 분자를 줄여야 한다는 것이다. 그러려면 우리에게는 스피치 도중 일어날 수 있는 모든 상황과 나쁜 경험들에 대비하여 그 모든 일에 대처할 수 있도록, 즉 불확실한 상황들을 예측 가능하도록 하는 준비와 연습 과정이 반드시 필요하다. 그 과정을 통해 무대 공포를 느낄 때 나에게 무의식적으로 나타나는 반복되는 증상들을 알아내어 의식적으로 관리하면서 줄여나갈 수 있다. 그러한 고민과 연습 없이 김제동 씨가 그렇게 감동적인 은유로 청중의 마음을 건드릴 수 있었을까, 오바마 대통령이 TV연설과 토론으로 전 세계 상대적 약자들, 소외된 자들의 마음을 설레게 할 수 있었을까, 김연아 선수가 그렇게 밝고 예쁜 모습으로 자신감 있게 동계올림픽 개최지로 평창이 적격임을 역설할 수 있었을까?

분명한 것은 무대 공포는 나에게만 있는 창피한 콤플렉스도, 극복할 수 없는 불행도 아니라는 것이다.

▲활동을 하고 나서

무대 공포를 느낄 때 우리에게 나타나는 증상은 매우 다양하다. '식은땀이 난다,'시선 처리가 부자연스러워지고 허공을 본다', '머릿속이 하얘진다', '몸의 떨린다' 등 몇 가지 사례를 들려주자 구체적이고 다양한 경험담들이 쏟아지기 시작했다.

- 다리의 무게중심을 번갈아 자주 옮기는 이른바 짝다리를 짚는다.
- 단추나 옷, 넥타이, 장신구, 머리카락 등을 계속 만진다.
- 주머니에 손을 넣었다 뒷짐을 졌다가 등 손을 가만히 두지 못한다.
- 손에 든 자료를 만지작거린다.
- 시선이 천정과 허공을 돌아다니며 청중에게 안착하지 못한다.
- 입을 오므리고 마치 복화술 하는 것처럼 말한다.
- 목소리가 양처럼 떨린다.
- 배가 아프고 화장실에 가고 싶어진다.

이런 증세들 때문에 어떤 친구는 초등학교 학생회장 선거에 출마하여 전교생이 보는 앞에서 창피를 당하고 고배를 마셨다. 또, 어떤 친구는 7분 스피치 중 17초만을 발언하고 나머지 6분여를 벌겋게 달아오른 얼굴로 서 있다 들어왔고, 평소에 특별히 숫기가 없던 어떤 친구는 수업에서 자기소개 도중 말문이 막혀 눈물을 흘리며 제자리로 돌아왔고, 어떤 친구는 즉흥 스피치의 스트레스를 이기지 못해 순간적으로 기절하는 친구를 목격하기도 했다. 경험과 증세가 다양하기는 했지만, 누구나 공공 스피치 상황에서는 불안감을 느낀다는 것, 그러나 그것이 표출되는 방식이 다를 뿐이라는 것을 알 수 있게 되었다.

성공적으로 스피치를 했던 경험에 대해 물었을 때는 각각 자신의 불안 증세를 사전에 방지하는 방법들이 제시되었다. 불필요하게 움직이거나 손으로 만질 수 있는 상황을 방지하기 위하여 헤어스타일을 단정히 하고 장신구를 착용하지 않는다거나, 호흡을 안정시켜 떨림을 방지하기 위해 심호흡과 복식호흡을 한다거나, 배가 아플 것에 대비하여 발표 전에 음식을 제한하고 미리 화장실에 다녀온다거나, 머릿속이 하얘질 것에 대비하여 큐카드를 깔끔하게 준비한다거나…. 이들의 공통점을 보면 자신의 불안증세를 미리 파악하고 대비책을 세운다는 것, 더 나아가 직간접적으로 끊임없이 연습하고 시뮬레이션을 해본다는 것이다. 이를 통해 걱정되는 모든 상황에 대비함으로써 불안한 마음을 줄이고 자신의 불안증세를 관리한다는 것이었다.

결국 무대 공포를 줄이려면 자기 자신에 대해 파악하고 성실하고 꼼꼼하게 대비하는 것, 이를 통해 불확실한 모든 상황을 예측 가능하게 만드는 것만이 최고의 방법이라는 결론에 도달하게 되었다.

5 진행상의 유의점

- 유명인이 실제로 무대에서 실수하는 장면, 그와 유사한 영화나 시트콤의 한 장면 등을 영상클립으로 제공하여 화두를 던지면

부드러운 분위기에서 학생들의 마음을 여는 데 효과적이다.

- 무대 공포를 느낄 때 나타나는 다양한 증상들이 청중 다수를 대상으로 말할 때 해서는 안된다고 알려진 비언어적 행동과 연결되며, 그것이 곧 자신의 원치 않는 이미지 형성과 연결됨을 분석해낸다.
- 이를 통해 누구나 무대 공포를 느끼며, 다만 표출되는 증상이 다를 뿐이라는 점을 명확히 한다.
- 또한 이러한 증상을 완화했던 사례를 자유롭게 말하고 공유하도록 한다.

학생 리뷰

스피치 두려움, 그것은 아무것도 아니다

이 주제에 대해 이야기를 나누는 것은 어렵지 않았다. 아마 누구나 경험해 본 일이기 때문일 것이다. 남들 앞에 서서 발표를 할 때면 목소리가 떨린다는 것부터 시작하여 제스처가 어색해지고 말을 더듬으며 심지어 눈가에 경련까지 일어난다는 등의 의견이 나왔다. 모두가 웃으며 공감했지만, 한편으로 나는 옛 경험을 떠올리며 부끄럽고 창피함에 얼굴이 화끈거릴 지경이었다.

조별로 나눈 이야기를 바탕으로 호모 커뮤니쿠스 참가자 전체가 의견을 나누었다. 그랬더니 결과적으로 그 증세가 그 증세였다. 누구나 떨리고 무섭다고 한다. 사람 마음이란 것이 참 재미있게도 본질인 스피치 두려움은 그대로인데 다른 이들도 나와 같다는 것을 알고 나니 안도감이 먼저 들었다. 이야기를 나누기 전까지 불안 증세가 나만의 것이고 내 자신감을 잃게 하는 것이었다면, 이야기를 나누고 나서 그것은 우리의 것이 되었으며 그 결과, 잃었던 자신감을 회복할 수 있는 발판이 되어주었다.

소위 무대 공포증이라 불리는 이것은 '스피치의 중요성'을 '성공적 스피치의 예상'으로 나눈 것이라고 선생님께서 말씀해주셨다. 스피치의 중요성은 우리가 어떻게 결정할 수 있는 내부적인 것이 아니라 외부에서 주어진 것이기 때문에 그 크기를 작게 할 수 없다. 반면 성공적 스피치에 대한 예상은 우리 내부에서 일어나는 마음의 작용이기 때문에 크게 할 수 있다고 한다.

이번 활동을 통해 느낀 안도감을 발판 삼아 자신감을 회복하고 그를 통해 스피치가 성공할 것이라는 예상을 높인다면 무대 공포를 줄일 수 있다는 결론이 나온다. 그런 점에서 가볍게 나눈 우리의 이야기들이 결국은 스피치에 대한 우리 모두의 문제를 해결하는 가장 중요한 작업이었던 것이 아닐까 싶다.

활동 GUIDE

05 사진 연상

1 소개

청중 다수를 대상으로 말하기 실전훈련을 하기 전 긴장을 풀기 위한 준비운동 차원에서 사진을 보고 떠오르는 생각을 자유롭게 말한다.

2 준비

1) 활동방식

제시되는 사진 혹은 그림을 보고 한 명씩 돌아가며 떠오르는 생각을 3초 안에 말하기

2) 준비물 다양한 사진 혹은 그림

3) 진행시간 30분

3 실행

- 구성원 모두가 볼 수 있도록 사진 혹은 그림을 제시한다.
- 지목된 사람이 제시된 사진을 보고 3초 후에 그 사진에 대해 자유롭게 이야기한다.
- 익숙해지면 브레인스토밍처럼 자유롭게 말하기 → 직유를 써서 말하기 → 은유를 써서 말하고 그 이유를 설명하기 등 단계별로 규칙을 하나씩 적용해간다.

4 의미와 발견

실제로 다수의 청중 앞에서 준비된 내용을 말하기 전에 자연스럽

게 입을 떼고 머리와 입속에서 맴도는 말들을 뱉어 표현해낼 수 있는 분위기와 기회를 마련해준다. 직유, 은유 등을 사용해보고 주장과 근거를 설명하는 간단한 형태의 구성방식을 적용해봄으로써 효과적인 표현법에 대해서도 생각해본다. 서로 격려하면서 진행하면 비판이나 모순을 두려워하지 않고 주제에 대한 사전지식과 생각을 총동원할 수 있다. 개인적인 경험, 관점, 생각, 소망 등이 머리와 입속에서 맴돌고 있을 때, 직유와 은유의 표현방식은 생각을 확장하고 창의력을 자극하는 수단이 될 수 있다. 또한 같은 사진을 접하고 내놓은 다양한 생각과 표현들을 접하며 자신의 생각과 타인의 생각을 비교해보면서 다양한 사고와 의견을 접해볼 수 있다.

▲활동 포인트

우리는 생각을 자유롭게 있는 그대로 이야기하는 것에 익숙지 않다. '틀리면 어떻게 하지', '남들이 나를 이상한 애로 보면 어쩌지'하는 걱정이 발화를 방해한다. 그래서 머릿속에 떠오르는 창의적인 생각들이 표현되지 못하고 사장되는 경우도 많다. 이 활동은 이러한 걱정 없이 머릿속에 떠오르는 생각들을 마음껏 표현하고 다양한 타인의 생각들도 접할 수 있는 기회를 제공한다.

이 활동을 하고 난 후 학생들의 소감은 다음과 같았다.

- 하나의 이미지에 대해 다양한 표현이 가능할 수도 있다는 인식의 차이를 느꼈다.
- 수동적으로 받아들이기만 했던 자세를 능동적으로 생각하고 말하도록 전환하게 되었다.
- 내 생각이 고정되고 경직되어 있다고 느꼈다.
- 다양한 사전지식과 사색이 필요하다는 것을 느꼈다.
- 짧은 시간에 머릿속에 떠오르는 생각을 문장으로 완성해내기가 쉽지 않았다.

활동을 마친 후에도 여전히 우리는 생각난 것을 여과 없이 바로 말로 표현하는 것이 어색하다. 하지만 열린 분위기에서 서로의 생각에 대해 감탄하고 격려하며 연결고리를 찾는 연습을 계속한다면 우리의 교실에서도 발언을 강요하는 어떤 압력이나 규칙 없이 활발한 토의가 이루어지는 광경을 볼 수 있게 되지 않을까.

5 진행상의 유의점

- 3초 안에 답변이 나오지 않을 경우, 속도감을 잃고 늘어지지 않도록 다음 사람으로 넘어가는 것이 좋다.

학생 리뷰

창의력? 순발력? 스피치 기초체력 다지기

이번 활동에서 우리는 여러 장의 사진을 뜬금없이 맞닥뜨리게 되었다. 이유인즉슨 주어진 사진을 보고 순간적으로 생각하여 한 문장으로 표현하는 연습을 하기 위해서였다.

조마다 돌아가며 사진이 한 장씩 주어졌고, 사진에 무엇이 있는지 살펴보다 보면 금방 3초, 그리고 한 문장으로 표현해야 했다. 나는 이런 활동에 익숙하지가 않았다. 여태까지 배우기로 무엇을 보거나 들으면 생각해서 말하는 것이었지 즉석에서 생각나는 대로 말하는 것은 아니었기 때문이다. 또 이런 말도 많이 들었다. 말할 땐 아무 말이나 하지 말고 생각을 먼저 정리하라고. 이렇다 보니 준비할 시간 없이 말을 하는 게 쉬운 일은 절대 아니었다.

나는 사진을 보고 독창적이고 그럴듯한 표현을 하고 싶었지만, 생각이 많이 굳어있는지 내뱉는 문장이라고는 슬프게도 식상하기 그지없었다.

3~4차례 그 연습을 해보니 이런 연습을 꾸준히 많이 한다면 순발력이 늘 것 같았다. 그리고 이런 능력이 길러진다면 스피치를 할 때에도 그때그때의 분위기에 맞추어 더욱 유연하고 풍부하게 이야기 할 수 있을 것 같았다. 이런 게 바로 스피치의 달인이 되기 위한 기초 체력을 다지는 일이라고 생각한다.

스피치의 완성도는 두말할 것도 없이 엄청난 연습과 준비를 통해 이루어지는 것일 테고, 그 이전에 창의력과 순발력이라는 힘을 길러놓는 것이 결국은 스피치에 경쟁력을 부여하는 것 같다. 그리고 또 한 가지 번외로 얻은 것이 있다.

우리는 같은 것을 보지만 결국은 다른 것을 본다는 것. 한 장의 사진에서 나는 기쁨을 보지만 누군가는 슬픔을 볼 수 있고, 나에게는 큰 의미를 주지만 누군가에게는 아무 의미 없을 수도 있다. 이런 점에서 순발력 있는 사고뿐만이 아니라 열린 사고를 해야겠다는 배움도 얻었다. 사진 연상 활동은 굉장히 속도감 있게 진행되고 금방 끝나버렸지만 나는 여러 가지를 느끼게 되었고 또 이것들이 스피치에 대처하는 내 자세에 충분한 자극이 되었다고 본다.

활동 GUIDE

06 여러 가지 상황에서 말하기

1 소개

여러 가지 상황과 다수의 다양한 청중을 정하고 약간의 준비시간을 갖고 실제처럼 말해본다. 이 장면은 동영상으로 촬영하고, 스피치가 끝나고 나서 청중과 함께 촬영장면을 보고 토론하면서, 특히 무대 공포나 불안감을 느끼게 될 때 나타나는 비언어적 습관들을 인지한다.

2 준비

1) 활동방식

다양한 상황 중 한 가지를 선택하여 약간의 준비시간을 가진 후 발표하기.

2) 준비물 동영상 촬영 장비, 다양한 수사적 상황주례사, 선거유세, 우리 고향 홍보, 우리 과 홍보, 정책입안 발언, 정치인 지지 발언, 100분 토론 패널의 모두발언, 자기를 브랜드화하여 소개, 무죄 혹은 선처를 주장하는 최후 변론, 특정 상품 홍보 등

3) 진행시간 1시간 30분

3 실행

- 다양한 수사적 상황 중 각자 한 가지를 선정하게 하고 원고를 위한 준비시간을 20분 부여한다인원이 많으면 조별로 한 가지 주제를 선정하여 대표 발표자 1명을 뽑고 공동의 원고를 구성하도록 한다.

- 선정된 수사적 상황에 따라 5분간 스피치를 실행하고 동영상으로 촬영한다.
- 스피치가 끝나고 나서 청중과 함께 촬영된 동영상을 보며 내용과 비언어적 표현에 대한 피드백을 시행한다.

4 의미와 발견

다양한 상황에서 말할 내용을 준비하고, 실제로 발표하고, 피드백을 받는 과정을 통해 지금까지 학습하고 체득해온 내용을 점검하고 더욱 발전할 수 있는 계기로 삼을 수 있다.

각기 다른 상황에서의 청중을 분석하고, 그들을 효과적으로 설득할 수 있는 메시지를 구성하고, 그 메시지의 효과를 극대화할 수 있는 비언어적 요소를 구상하는 과정을 통해 청중과 화자 간 소통의 지점을 찾아볼 수 있을 것이다. 특히 동영상을 촬영하고 청중과 함께 그 영상을 보며 피드백을 받는 과정을 통해 자신도 인식하지 못했던 '불안감을 느낄 때 나타나는 자신의 습관'을 발견할 수 있다. 또 무의식중에 행한 그 습관이 청중에게는 어떤 이미지로 해석되는지, 원치 않는 오해를 불러일으키는 요인이 되지는 않았는지 점검할 기회가 될 것이다. 이러한 과정의 반복이 곧 청중과 화자 사이, 화자 자신과 보이는 이미지 사이에서 소통의 지점을 발견하게 하고, 나아가 능력 있는 연사로 거듭나게 하는 길이 될 것이다.

▲활동 포인트

대부분의 사람에게 여러 사람 앞에 서서 말하는 일은 생각만으로도 불편하고도 두려운 일이다. 더구나 홍보상황, 정책입안을 위해 설득해야 하는 상황, 주례, 법정에서의 변론 등 모든 스피치에서는 각각의 상황마다 요구되고 기대되는 연사와 청중의 역할이 다르다. 무엇을 어떻게 준비해야 하는지, 준비하는 것부터가 골칫거리인데 실제상황에서 준비한 내용을 충분히 발현할 수 있는가는 또 다른 문제이다.

이번 활동에서는 조별로 하나씩 수사적 상황을 고르도록 하고 일정 시간 동안 원고와 소구점을 함께 준비하도록 했다. 그리고 각 조 안에서 가장 만족스럽게 그 내용을 구현하는 조원을 한 명씩 선발하여 조 대항 경연을 펼치도록 했다. 각 조에서 대표로 선발된 토론 프로그램 패널, 고향 홍보대사, 주례선생님이 경연을 펼치는 동안 청중들은 방청객, 여행 기획자, 결혼식에 참석한 하객이 되어 스피치를 접했다. 각 조 대표 연사의 발언과 행동 하나하나, 청중의 반응은 모두 동영상 파일로 담겼다. 그리고 그 영상을 보며 서로의 느낀 점을 이야기하는 시간을 가졌다. 그 반응의 일부를 옮기면 다음과 같다.

- 스피치란 정말 어려운 것이구나, 다시 한 번 실감했다.
- 지금까지 배웠던 이론을 실제로 적용해봐서 도움이 되었다.
- 내 모습을 동영상으로 직접 확인하는 것이 즐겁고 신기했다.
- 자신을 돌아보고 고쳐나가야 할 점을 분명히 알게 되었다.
- 각 발표자의 장단점을 나에게 대응시켜보고 배울 수 있었다.
- 스피치를 준비할 때 반드시 점검해야 하는 것이 무엇인지 알게 되었다.
- 작은 요소로 청중들에게 보이는 모습이 크게 차이가 날 수 있다는 것

을 깨달았다.

- 연습과 완벽한 준비의 필요성을 절실히 느꼈다.

실제로 조 대표로 발표했던 당사자들은 자신을 점검할 수 있는 계기가 되고 청중이 되었던 친구들은 타인의 모습을 통해 자신을 돌아보는 계기가 되었다는 의견이 많았다. 또한 모든 참가자가 각각 스피치를 해보고 피드백을 받는 시간이 마련되었으면 좋겠다는 의견도 많았다.

다수의 청중을 대상으로 한 스피치는 대부분의 사람이 어렵고 불편해하는 만큼 다양한 경험과 서로에 대한 격려가 무엇보다도 많이 필요한 소통 분야이다. 피드백을 통해 서로의 강점과 매력을 발견하여 칭찬해주고 서로의 발전을 바라는 마음으로 아쉬운 점과 보완점들을 진심으로 조언해주는 공동 작업을 반복한다면, 언젠가는 이 두렵고 피하고 싶은 순간이 발전과 변화를 확인하는 성취의 시간으로 변모할 수 있게 되지 않을까.

5 진행상의 유의점

- 각 수사적 상황에서 발표하게 될 때, 청중도 그 상황에 알맞은 입장에서 경청할 수 있도록 유도해준다.
- 동영상을 리뷰하고 상호 피드백할 때 말 잘하는 사람의 요건, 무대 공포와 불안을 느낄 때의 증상, 타인이 나에 대해 평가했던 이미지 등 앞서 진행했던 프로그램의 결과와 발견한 점을 관련지어 설명한다.

호랑이 굴로 들어가기

드디어 올 것이 왔다. 가장 고대하면서 한편으로 가장 걱정스러운 그 시간. 바로 스피치 시간이다! 주어진 몇 가지의 주제 중 한 가지를 선택하고 주제에 대한 내용을 논리적으로 구성하여 거의 즉흥적으로 5분이란 시간 동안 남들 앞에서 이야기해야 한다.

칠판에는 몇 가지의 스피치 주제들이 나열되어 있었고, 우리 조가 고른 주제는 '대학생 동거문화를 어떻게 볼 것인가?' 였다. 남은 다른 주제들로는 '우리 고향으로 놀러 오세요' 와 '이상적인 주례사' 와 같은 것들이 있었는데 그것들에 비하면 우리 주제가 조금 딱딱하고 재미없는 것은 아닐까?걱정이 들기도 했다. 찬성과 반대가 명확하게 나뉘어 근거 설정에서도 명확할 수 있었기 때문에 결과적으로는 잘 고른 주제였다고 생각한다.

먼저 조원들끼리 돌아가며 3분 스피치를 진행했다. 같은 주제에 대해 다른 입장을 가진 사람은 물론이거니와, 같은 입장임에도 나와 전혀 다른 관점으로 근거를 제시하는 팀원을 보고, '이래서 다른 사람의 의견을 듣는 것이 의미 있는 작업이구나.' 라는 걸 깨달았다.

내가 스피치 내용을 구성하는 과정에서 특별히 고려한 부분은 바로 공신력 측면이다. 공신력 향상을 위해 내가 사용했던 방법은 실제 경험에서 나온 예시를 근거로 활용하는 것이었다. 학기 중 '대학생 성 인식' 에 대한 인터뷰를 진행한 적이 있었는데, 그때 인터뷰를 한 대상이 실질적으로 남자 친구와 동거 중이던 여대생이었고 그때 나온 이야기들을 바탕으로 내 주장을 펼쳐나갈 수 있었다. 후에 조원들의 조언에 의하면 대학생 동거의 당사자로부터 나온 의견이었기 때문에 내용이 설득력이 있었다고 했다. 결국은 조 대표로 내가 스피치를 하게 되었다.

스피치를 목적으로 남들 앞에 서서 말하는 것은 그냥 앞에 서서 팀 활동 결과를 발표하는 것과는 부담의 차원이 달랐다. 앞에 있는 많은 이들에게 평가받는다는 생각에 부담이 느껴지고 그러다 보니 스피치 불안 증상들이 하나 둘 튀어나오는 것이었다. 내가 불안을 느낀다는 것을 인식하니 당황이 되었고 점점 불안의 수렁 속으로 빠져드는 것 같았다. 하지만 언제나 그렇듯 청중 앞에서 이야기하다 보면 어느새인가 시간이 훌쩍 지나가버린다. 5분 같지 않은 5분이라는 시간이 지나고, 끝나니 한껏 표정이 상기되며 마음이 홀가분했다. 끝냈다는 것 자체에 나 자신에게 박수를 보냈다.

다른 조의 스피치를 들으니 어떤 사람은 목소리가 안정적이며 너무나 차분했고, 어떤 사람은 친구한테 이야기하듯이 편해 보였으며, 어떤 사람은 굉장히 유머러스하여 청중들의 웃음을 자아냈다. 여유가있는 그들의 모습이 그저 부러울 뿐이었다. 그런데 놀라운 사실은 나는 굉장히 긴장하고 벅벅거렸다고 느꼈는데 듣는 이들에게는 그만큼 심각하게 비치지 않았다는 것이다. 내가 2등을 차지했다는 것이 이것을 증명한다. 내가 2등이라니. 거짓말 하나 안보태고 그 사실 하나만으로 그 날 저녁에 회사 면접을 보러 가는 데 절로 신이 나고 자신감이 상승했다.

스피치란 그런 것 같다. 누구나 두려움을 갖고 있지만 두렵다고 계속 피하면 그 두려움은 커져만 간다. 어찌됐던 부딪히고 나니 더 해볼 만 하다고 생각이 드는 것이다. 설령 스피치 4등을 했을지라도 '해보니 또 별거 아니네'라고 느꼈을 것이다. 왜냐하면 죽지 않고 무사히 끝냈으니 말이다.

호랑이를 잡으려면 호랑이 굴로 들어가야 하듯 무대 공포증을 잡으려면 무대 위로 올라가야한다.

6

사회 커뮤니케이션 소통의 확장

01 소통하는 리더는 행복을 찾으려고 토론 한다

'호모 커뮤니쿠스' 워크숍의 마지막 단계는 사회 커뮤니케이션이다. 이 단계에서 우리는 토론이나 회의, 청문회, 모의 법정 등과 같은 다양한 사회적 소통분야의 응용 커뮤니케이션 무대를 접하게 된다. 우리 사회 자체가 다양한 이해관계가 늘 부딪히고 대립하는 곳이기 때문에 서로의 입장차이가 얽혀 있는 갈등 상황 등에 슬기롭게 대처하는 것이 미래의 리더에게 요구되는 가장 중요한 덕목이라고 할 수 있다. 따라서 사회 커뮤니케이션 단계에서는 지금까지 다루어왔던 자아 커뮤니케이션을 비롯한 다양한 커뮤니케이션 구성요소들을 총망라하여 종합적으로 응용해보는 실험이 진행된다.

희망버스

한진중공업의 정리해고에 맞서 고공시위를 펼치던 김진숙 민주노총 부산본부 지도위원과 조합원들을 응원하기 위해 운행되던 버스. 2011년 6월 11일 처음 출범하여 파업이 끝날 때까지 모두 5차례에 걸쳐 진행되었다.

최근 '희망버스'라는 말을 자주 접한다. 희망버스는 한진중공업 사태를 돕기 위한 하나의 희망 돌파구이다. 2010년 12월 15일, 경영악화를 이유로 한진중공업이 생산직 근로자 400명을 희망퇴직시키기로 한 것에 노조가 반발했다. 장기적 농성 가운데 지난 6월 11

일, 16대로 구성된 '희망버스'가 한진중공업에 도착하여, 촛불행진 및 한진중공업 내 진입을 시도하였다. 우리는 이러한 노사분규 혹은 분쟁에 익숙하다. 여기에는 협상이라는 소통이 필요하다. 그러나 현실에서는 협상타결보다는 협상결렬이 이어지고, 더욱 심각한 경우는 협상 자체가 배제되고 강제 진압과 같은 물리력이 선택되기도 한다. 이와 같은 공공의 사회적 갈등은 실제 무수히 많은 주체들과 이해관계, 복잡한 맥락의 소용돌이 속에 놓여 있는 경우가 대부분이어서 갈등이 한순간에 증폭될 위험성이 더욱 크다. 따라서 갈등 당사자들이 직접 문제를 해결하거나 갈등에 대처하지 못하고 제3자의 개입을 통해 해결점을 찾는 경우가 많다. 바로 이 지점이 공공갈등을 관리하는 토론, 조정, 중재, 협상, 청문회, 재판 등과 같은 사회적 커뮤니케이션이 필요한 지점이라 할 수 있다.

사회 커뮤니케이션의 핵심은 역지사지易地思之이다. '호모 커뮤니쿠스'에서는 단순하게 서로 입장 바꾸어 생각해 '보기'에서 한 발 더 나아가 입장 바꾸어서 '말해보기'를 지향한다. 관점을 바꾸어 생각해 보는 것과 상대 관점에 서서 말해보는 것은 전혀 다른 경험이 될 수밖에 없다. 근대 사회의 기본 가치가 언言과 행行의 일치와 함께 생각과 말의 일치를 요구하기 때문이다. 그런데 자기의 입장과 다른 생각을 해보는 것을 강요할 뿐만 아니라 더 나아가 자기 생각과는 다른 관점에 서서 말해보라는 것은 이런 근대적인 가치에 위반이 아닌가? 사회 커뮤니케이션에 대한 설명은 이 질문에 대한 대답으로 시작해 보겠다.

토론하는 리더는 모든 입장과 가능성을 열어 놓는다

필자가 고등학생이나 대학생들의 아카데미식 토론대회를 진행하다 보면 가장 많이 듣는 질문 가운데 하나가 왜 자신의 입장과 무관하게 추첨을 통해 찬반양론 가운데 어느 한 편을 선택해서 토론하도록 대회를 운영하느냐 하는 점이다.

이에 대한 대답은 명확하다. 아카데미식 토론 즉 교육을 목적으로 하는 토론은 학생들이 아직 쟁점에 관한 어떠한 입장도 형성되어 있지 않은 백지상태에 있기 때문에 찬반 양 입장이 어떤 논거를 가졌는지 깊이 있게 공부하게 하기 위해서라는 것이다. 학생들은 사회적인 이해관계 다툼 가운데 비교적 중립적인 가치의 영역 대에 속해 있다고 전제하는 것이다. 물론 사회에서 이루어지는 토론은 주제에 따라 자신의 입장이나 이해관계가 분명하게 구분되는 경우도 많다. 이때 찬성과 반대의 입장은 이 같은 이해관계의 연장 선상에 놓일 수밖에 없다. 또한 이것은 근대적인 가치와도 맞는 일이기도 하다. 그러나 교실공간에서는 어떠한 가치나 이해관계도 중립을 유지한다. 최종적인 판단을 위해서는 어느 한 편의 입장을 취하는 것 자체를 유보하는 것이다. 그 대신 양쪽 모두의 입장을 진지하게 살펴보고 따져서 어느 편의 논리가 더 합리적인지를 검증하는 자세 자체가 교육의 한 방편이 되는 것이다.

이러한 가치 유보적인 처지에서 일찍이 토론을 교육의 도구로 삼은 사람이 있다. 고대 그리스 시대의 소피스트Sophist 프로타고라스Protagoras다. 그는 '개개 사물은 서로 대치되는 두 개의 논증을 갖고 있다'고 주장하면서, 어떻게 같은 하나의 논증이 반대 입장을 지닌 상대방의 관점에서도 제시될 수 있는지를 보여주는 '모순矛盾'의 이론을 제시했다.

프로타고라스가 제자들을 교육했던 유명한 논쟁법도 결국에는 모

소피스트
고대 그리스를 중심으로 활동했던 철학사상가이자 교사. 원래 뜻은 '현명한 사람'이었으나 플라톤이나 아리스토텔레스에 의해 궤변가라는 의미로도 사용되었다.

프로타고라스
소피스트라는 이름 아래 철학 및 문명사에서 최초의 사상가, 교육자, 정치가로 손꼽힌다. 그가 주장한 교육의 목적과 방법은 플라톤이 쓴 대화록 '프로타고라스'에서 비판적으로 토론되었으며, 그의 철학 사상의 골자를 이루는 주관주의 역시 플라톤의 '테아이테토스'에서 진지하게 논의되었다.

든 문제를 같은 관점에서 검토해 서로 상반되는 두 가지 담론을 작성하는 방법이었다. 그러고 나서 '찬성이나 반대의 이유를 발견'하고, '상대방을 제압하기 위한 조직적인 질문'을 하는 것이었다고 한다. 이 점에서 호모 커뮤니쿠스에서는 섣부른 판단으로 자기 고집에 빠진 리더보다는 최종적인 판단을 내리기 전까지 모든 가능성과 쟁점을 열어두는 개방적이면서도 신중한 리더를 키우고자 하는 목적을 전면에 내세우고 있다. 그리고 이 목적에 맞는 방식이 바로 개방적인 토론 교육이다.

토론자는 그 자리에서 합의할 수 없다

다음으로 제기되는 문제 가운데 하나가 토론과 같은 사회 커뮤니케이션이 서로 간의 이해대립이나 갈등을 해결하기보다는 오히려 대립을 조장하고, 갈등을 불러일으킨다는 인식이다.

100분 토론이나 공청회 등 우리가 목격한 사회적인 커뮤니케이션에서 이러한 부정적인 과정이 전혀 없다고 부인하지는 못할 일이다. 그러나 이 문제 역시 토론에 대한 생각을 이렇게 바꾸면 풀릴 수 있는 의문이다. 즉 토론자들은 우리 사회의 다양한 관점과 입장을 지닌 여러 사람을 대신해서 이슈의 구조와 쟁점을 시연해주는 서비스 제공자라고 말이다.

토론에서 인위적으로 찬성과 반대를 극단적으로 나눠 진행하는 이유는 찬과 반 사이의 중간 지대에 위치하고 있는 다양한 회색적 입장들이 가지는 모호성을 제거하기 위해서다. 토론의 수용자인 우리는 자신의 입장이 명확하지 않은 상태에서, 관점이 분명한 찬성과 반대자의 논리와 쟁점을 들음으로써 자신의 위치를 확인하고, 비교를 통해 자신의 좌표를 설정하는데 도움을 받는 것이다.

따라서 토론자는 사실 서로 상대방을 설득하는 것이 아니라, 수용자를 설득하는 것이며, 토론자들은 우리를 대신해서 쟁점의 논의구조를 시연 해 보이는 일종의 '연기자'이자 시뮬레이터simulator이다.

시뮬레이터

실제로 실행하기 어려운 실험을 실제처럼 실행하는 시뮬레이션을 할 수 있도록 하여주는 장치. 시뮬레이션은 사람들의 건강과 안전에 아무런 위험이 없는가, 고쳐야 할 점은 무엇인가 등을 미리 알아낼 수 있도록 해준다.

이렇게 이해하면 다음의 논점으로 자연스럽게 넘어간다. 토론은 토의와 달리 토론 참석자 간의 합의를 통해 쟁점의 절충을 꾀하거나 쟁점 자체를 무력화하는 것이 불가능하다.

토론과 토의의 이러한 구분은 아주 중요한 시각을 낳는다. 우리는 흔히 텔레비전 토론을 보면서 '만날 싸우기만 하고 어떠한 합의도 못 이끌어낸다'고 타박하곤 한다. 특히 여야의 정치인이 패널로 등장하는 경우 사회자가 합의를 의도적으로 요구하는 예도 적지 않다. 그러나 토론에서 이러한 참석자 간 쟁점의 합의는 토론의 목적에 비추어 보았을 때 '계약위반'인 셈이다. 다시 말해 쟁점의 선명한 구조를 보여주기 위해 찬성 혹은 반대의 역할을 자청한 사람들이 수용자에게 제공해야 할 정보 서비스를 하지 않은 꼴이 되기 때문이다.

민주주의라면 어떠한 쟁점이든 최종적인 의사결정자는 국민이자 시청자여야 한다. 대의제 아래에서 여와 야의 대표자가 토론에서 서둘러 어떠한 합의와 결정을 내려버린다면, 결과적으로 최종 판단의 주체인 국민이나 시청자의 결정 권한을 앗아가 버린 것이 된다. 따라서 서비스 제공자로서 토론자는 쟁점에 대해 합의를 할 수 있는 권한도 책임도 없다. 이런 책임은 토론이 아니라 토의에서 제기되고 물을 수 있이기 때문이다.

이제 이 같은 이해 하에서 우리 사회에서 벌어지는 다양한 소통의 현장에 응용할 수 있는 소통의 방법들을 익혀보도록 하자.

활동 GUIDE

02 지식공방전

1 소개

하나의 논제에 대해 찬성하는 조와 반대하는 조로 나누고, 이를 뒷받침해주는 근거들을 각 조에서 하나씩 제시하여 서고 공방을 펼쳐나가는 활동이다.

2 준비

1) 활동방식
어떤 논제에 대해 찬성하거나 반대하는 입장으로 양쪽 팀을 나눈 후, 찬성 혹은 반대하는 이유를 총 8가지의 핵심 근거로 정리한다.

2) 준비물 찬성과 반대의 근거를 게시할 게시판, 각 근거를 평가할 평가표부록 04, 234쪽, 매직

3) 진행시간 1시간

3 실행

- 지식 공방전을 펼칠 수 있는 적절한 논제를 정한다.
- 이 논제를 지지하는 팀과 반대하는 팀을 구분한다.
- 각 팀에서 지지하거나 반대하는 근거를 각각 8개씩 설정한다.
- 팀원들이 각자 등장하여 각각의 근거를 소개하고 상대방의 질문이나 반박을 듣는 방식으로 2분 동안 공방을 총 16회에 걸쳐 진행한다.

- 공방이 끝나면 각 근거에 대해 5점 만점으로 평가한 후, 총점을 합산해 어느 팀이 이겼는지를 판단한다.
- 이때 자신의 팀이 정한 근거의 중요도 순서와 상대방 팀이 이를 듣고 정한 근거의 중요도 순서가 중요한 판단기준이 된다. 예를 들어 자기 팀에서는 가장 중요하다고 판단하여 1순위로 제시한 근거가 상대방 팀에서는 중요도에서 8위로 평가되었다면, 성공적인 설득이라고 보기 어렵다는 점이다. 이처럼 말하는 팀과 듣는 팀의 중요도에 대한 시각 차이를 평가에 반영하여 계산하는 것도 고민해볼 방법 가운데 하나이다.

EBS · 김종명(2009). 『EBS 다큐 프라임. 설득의 비밀』, 쿠폰북.

4 의미와 발견

프로그램의 초점은 말하는 사람이 중요하다고 생각해 내세우는 근거가 듣는 사람에게도 똑같이 중요하게 여겨지는 것은 아니라는 점을 일깨우는 것이다. 다시 말해 사람마다 서로 판단하는 것이나 중요하게 생각하는 점이 다르다는 것을 배우고 깨닫하는 것이다. 특히 한 사회의 리더는 자신의 가치판단에 따라 의사결정을 내리는 권한과 책임을 가진 사람인데, 이 같은 외로운 판단이 과연 얼마만큼 조직구성원이나 대중의 판단과 일치하는지, 늘 끊임없이 점검하고 따져봐야 할 것이다. 이 양자의 차이가 커지면 커질수록 권위적인 리더십이 될 수밖에 없으며, 이 차이를 줄여나가는 것이 바로 소통하는 리더의 자세이기 때문이다.

▲활동 포인트

지식공방전은 논리적인 주장 즉 논증을 직접 체험할 수 있는 가장 적절한 프로그램이다. 논리적인 주장이란 한마디로 자신의 주장을 근거에 따라 제시하는 것을 말한다. 이 과정을 논증argument이라고 한다. '논증=주장+근거'라는 논리적인 소통의 형식을 논쟁적인 쟁점에 대한 공방을 펼쳐가면서 체득하게 하는 것이 이 활동의 목적이 된다.

활동을 통해 학생들은 자신이 찬성 혹은 반대하는 주장을 지지하는 근거를 광범위하게 찾는 사고의 과정을 거치게 된다. 풍부한 근거를 제시하려면 반드시 쟁점에 대한 학습이 필요하다. 따라서 논리적으로 주장하는 과정은 어떤 사안에 대해 심층적이고 포괄적으로 '공부'하는 과정과 필연적으로 연결된다.

자신의 주장을 지지할 수 있는 근거를 찾아 나서는 이성의 활동을 촉진하는 방법으로는 흔히 '브레인스토밍'이 활용된다. 이와 유사한 또 다른 방법으로 '브레인라이팅'이 있다. 브레인스토밍이 집단이 모여서 말로서 창의적인 아이디어를 찾아나서는 활동이라면 브레인라이팅은 혼자서 글로서 자신의 아이디어를 작성해나가고 그 결과를 팀 내에서 공유하는 활동을 말한다.

브레인라이팅은 대개 6/3/3원칙으로 운영한다. 즉

1. 참가자는 원칙적으로 한 팀당 6명으로 제한하는 것이 좋다.

2. 한 라운드 동안 팀원 각자 3개의 아이디어를 써낸다.
3. 한 라운드를 끝내는 시간은 3분으로 제한한다.

브레인라이팅의 진행은 다음과 같다.

1. 각자 브레인라이팅 시트를 한 장씩 받아서 조용히 3분간 A, B, C 세 개의 아이디어를 쓴다.
2. 3분이 끝나면 1라운드는 종료된다.
3. 참가자 전원이 각자의 시트를 왼쪽 사람에게 넘기고 오른쪽 사람에게 다른 시트를 받으면 2라운드가 시작된다.
4. 이렇게 전원이 시트를 돌려 6라운드까지 발상을 전개하면 아이디어 회의가 종료된다.
   그 결과 18분 만에 총 108개의 아이디어가 모인다

이처럼 브레인라이팅은 짧은 시간 동안 광범위한 아이디어를 모을 수 있다는 점에서 남다른 장점이 있다. 이 밖에 브레인라이팅의 장점으로는

1. 전원이 평등하게 발상할 수 있다.
2. 지위나 입장이 달라도 눈치 보지 않고 발표할 수 있다.
3. 처음 만나는 사람들과도 얼마든지 가능하다.
4. 다른 사람의 발언으로 사고가 방해받는 것을 막아준다.
5. 정확한 기록을 남길 수 있다.
6. 혼자서도 할 수 있다.
7. 몇 천명이 있어도 가능하다.
8. 시간 관리를 완벽하게 할 수 있다.
9. 구성원 전원이 참여한다.
10. 한자리에 모이지 않고 인터넷 등과 같은 온라인으로도 진행이 가능하다 등이 있다.

이 활동에 활용할 수 있는 브레인라이팅 시트의 양식은 아래와 같다.

브레인라이팅 시트

주제 ____________________

참가자 \ 방안	A	B	C
1			
2			
3			
4			
5			
6			

다카하시 마코토·송수영 역(2010).『브레인 라이팅』, 이아소.

5 진행상의 유의점

주제 선정 시 여론에서 찬성과 반대의 서로 다른 견해가 팽팽하게 맞서는 주제가 좋다. 특히 정확한 정보인지 여부에 대한 검증 없이, 학생들이 단순하게 자신의 의견을 표현할 수 있는 주제를 선택하는 것이 중요하다.

지식공방전— 누구나 말할 수 있는 기회

'지식공방전' 은 하나의 논제에 대해 찬성하는 조와 반대하는 조로 나누고, 이를 뒷받침해주는 근거들을 각 조에서 하나씩 제시하는 방향으로 진행되었다. 민주주의의 기본인 기회의 균등을 보장하여 청중을 포함한 구성원 모두의 발언권은 동등했다. 특별히 눈에 띄었던 규칙은 각 조에서 본인들이 제시하는 근거에 중요도를 매겼다는 점, 그리고 이에 청중들이 평가한 각 근거의 점수를 곱하여 총 점수를 계산해 냈다는 점이다. 즉, 화자가 특정 근거를 상대적으로 중요하게 생각했지만, 청중들을 설득하는 데 실패했거나 그 정도가 약할 경우, 그만큼 청중들과의 거리가 멀어질 가능성이 크다는 의미이다.

이번 공방전을 통해 특별히 실제로 정책을 선정하고 집행해나가는 정부라든가 이모저모의 공약을 내세우는 정치권 종사자들이 떠올랐다. 이들에게 있어서 가장 중요한 것은 현재 국민에게 필요한 것이 무엇인지를 파악하고, 그에 걸맞은 정책을 세워나가는 것인데, 국민과 이들 간의 차이는 갈수록 벌어지는 것만 같다. 국민의 목소리에 귀 기울이고 소통하려는 노력이 선행되어야 하는데 오롯이 이들만의 축제로 보이는 것은 왜일까. 시간이 부족한 관계로 '청중들 질문시간 없으니까, 편하게 이야기하겠습니다.' 라는 한 학우의 말에 모두 웃음을 터뜨렸지만, 질문이 허용되지 않는 사회에 대해 다시 한 번 숙고해보는 계기가 되었다. 국민의 의견이 무시되는 사회, 소통이 부재된 사회에서 일어날 결과에 대해 생각해 보게 되는 의미 있는 시간이었다.

활동 GUIDE

03 정책토론

1 소개

아카데미식 토론의 모델에 따라 토론을 진행한다.

2 준비

1) 활동방식

토론하기 좋은 논제를 놓고 찬성 혹은 반대하는 학생들을 2인 1조 혹은 3인 1조로 편성하여 토론을 진행한다.

2) 준비물 토론하기 좋은 논제, 청중 토론평가표부록 09, 241쪽

3) 진행시간 1시간

- 발언순서 및 시간

찬성 측 첫 번째 토론자의 입론 8분
반대 측 두 번째 토론자의 교차 조사 3분
반대 측 첫 번째 토론자의 입론 8분
찬성 측 첫 번째 토론자의 교차 조사 3분
찬성 측 두 번째 토론자의 입론 8분
찬성 측 첫 번째 토론자의 교차 조사 3분
반대 측 두 번째 토론자의 입론 8분
찬성 측 두 번째 토론자의 교차 조사 3분
반대 측 첫 번째 토론자의 반증 4분

찬성 측 첫 번째 토론자의 반증 4분
반대 측 두 번째 토론자의 반증 4분
찬성 측 두 번째 토론자의 반증 4분

이 같은 발언 시간은 워크숍 형편에 따라 늘어나거나 줄어들 수 있다. 또한 전체 토론에서 최소한 한번 이상의 숙의 시간작전타임을 부여할 수 있다. 숙의 시간은 대개 팀별로 총 5분을 넘지 않는다.

3 실행

- 될 수 있으면 학생들에게 친숙한 논쟁적인 주제를 선택한다.
- 찬성과 반대는 학생들의 논제에 대한 소신과는 무관하게 추첨을 통해 선정한다.
- 즉흥토론은 10분 정도의 준비시간을 부여하고 바로 토론에 들어간다.
- 대부분의 정책토론은 논제를 사전에 선정하여 일정한 기간 준비하게 한 후 토론에 임하는 것이 원칙이다. 토론을 준비하는 과정 자체가 학습의 연장 선상이기 때문이다.
- 아카데미식 토론의 꽃은 교차조사에 있다. 이때 서로 지나치게 감정을 드러내지 않고서 조사를 진행하는 것이 중요하다.

- 전체 과정이 끝나면 제기된 주장과 반론에 대한 리뷰를 진행한다.

강태완 외(2001).『토론의 방법』, 커뮤니케이션북스.

4 의미와 발견

재판이 과거의 사안을 현재의 관점에서 판단하고 재단하는 '범인 찾기' 소통 영역이라면, 토론은 미래의 정책을 지금 시점에서 도입 여부를 결정하는 미래의 '행복 찾기' 소통의 장이라고 할 수 있다. 어떠한 대안이 우리의 미래에 행복을 가져다줄지를 놓고 고민하는 정책토론에는 이 점에서 미래지향적이고 좀 더 낙관적인 기조가 깔렸다. 여야라는 정치적인 권력지형을 제외한다면 토론이 그렇게 심각하고 낯 뜨거운 인신공격으로 진행되어야 할 어떠한 이유도 없다.

미래의 행복한 삶을 놓고 각자가 내놓은 대안을 마치 시장 좌판에서 사람들에게 흥겹게 '골라요 골라!'라고 외치듯이 토론을 진행할 수 있다는 것을 '호모 커뮤니쿠스' 워크숍을 통해 새삼 깨달았다. 정책이 정치라고 하지만 사람들의 정책적 선택이 결국보다 많은 사람이 이런 길로 갔을 때 더 행복할 것이라는 믿음 하에 내려진 선택이라면 그 결정을 존중하고 즐겁게 더불어 같이 그 길을 걸어갈 수 있는 여유가 현실 정치에서는 그렇게도 어려운 일인지 안타까울 따름이다.

▲활동 포인트

강의실에서 활용할 수 있는 정책 토론의 형식으로 가장 보편적인 것이 바로 CEDA 형식의 토론이다. CEDA는 Cross Examination Debate

Association의 약자로서, 1947년 미국 대학 간의 토론대회에서 토론자들 간의 상호 직접적인 질의응답을 강조하며 도입된 토론 형식이다. CEDA는 양측 토론자들이 번갈아가며 '입론'과 '교차조사'를 하게 되며 마지막에는 각 토론자들이 '반증'을 하게 된다.

여기서 입론이란 '세우다'라는 뜻을의 한자 '입'과 '논리'를 뜻하는 한자 '론'의 말뜻 그대로 자신의 주장을 세우는 것을 뜻한다. 즉 각자의 의견과 그 주장에 대한 논거를 말하는 것이다. 다음으로, 교차조사란 상대방의 입장을 조사하는 것이다. 즉, 본인의 주장 근거 이외에 상대편의 주장의 근거와 그것에 대한 반박 그리고 본인의 주장에 대한 반론 등을 조사하고 이에 대해 질문하는 것이다. 교차조사는 형식은 질문이지만, 내용적으로는 상대 논지에 대한 반론이 내포되기 때문에 고도의 두뇌게임이 펼쳐지는 토론의 백미라고 할 수 있다. 마지막으로 반증이란 토론이 끝나기 전 최종적으로 자신의 주장을 상대 주장에 대한 반증을 제시하는 형태로 쟁점을 자신의 논지에 유리하게 전달하는 것을 말한다.

정책 사안들을 논의하는 대표적인 형식은 '토의'와 '토론'이 있다. '토의'와 '토론'은 일상생활에서 쉽게 혼동되는 개념이기도 한데, 두 형식은 분명한 차이점을 가지고 있다.

토론과 토의의 차이점은 무엇일까?

우선 '토론'은 "어떤 논제를 놓고 찬반의 입장을 가진 양측이 일정한 형식에 따라 자기주장을 청중에게 설득하는 방식"이다. 영어로는 'debate'라고 쓰인다. 반면에 '토의'는 "주어진 문제에 대한 원인 규명과 공동의 해결방법을 모색하는 비교적 자유로운 논의의 장"으로서, 영어로는 'discussion'이라고 쓰인다.

이와 같은 형식상의 구분과 함께 토론과 토의는 본질적으로도 다른 점이 있다. 무엇보다도 '토의'는 쟁점에 대한 미래의 해결방식을 놓고 당사자 간의 합의와 결론도출이 가능하다. 즉 '토의'의 참가자들은 쟁점을 해결할만한 권한과 위치에 있는 사람이거나 해결해야 할 책임이 있는 사람이라는 뜻이다. 이러한 지위에 있지 않은 사람이 토의의 장에 참가하게 된다면 주제넘은 일이 될 수 있을 것이다. 반면에 토론은 쟁점에 대한 판단의 주체가 '토론자'가 아닌 '듣는 사람' 즉 시민 혹은 국민이 된다. 그러므로 '토론'의 참가자는 듣는 사람이 합리적인 판단을 내릴 수 있도록 쟁점에 대한 자신의 찬성 혹은 반대의 관점을 충실하게 지시하고 설득하는 서비스 정신에 충실해야 한다.

다음으로 토의와 토론은 각자가 진행되는 단계에서 차이점을 가진다. '토의'는 '문제—원인—과제' 라는 세 가지 단계에 걸쳐서 진행되는 반면 '토론'은 '토의'의 세 번째 단계인 과제에서 검토된 다양한 방안 가운데 하나의 방안을 선택하여 찬반의 형태로 논의가 진행되는 것이다. 즉 '토론' 의 논제는 '토의'에서 과제로 정리된 문제를 찬반양론으로 대립할 수 있는 명제문의 형태로 제시되어야 한다.

이처럼 '토론'과 '토의'는 분명한 차이점을 가지고 있는데도 불구하고 우리 사회에서는 두 가지 개념이 혼동되어 사용된다. MBC의 100분 토론과 같은 시사토론은 토론debate이라는 이름이 붙어 있지만, 실상은 주어진 주제에 대한 토의discussion로 진행되는 경우가 흔히 일어난다. 이러한 이유로 TV 토론 프로그램에서는 찬반 각 진영이 자신의 팀 내에서 자중지란이 일어나기도 하고, 양측이 주장하는 바가 차이점이 무엇인지 모호해지는 경우가 종종 나타난다. 따라서 토론과 토의의 차이에 대해 학생들이 분명하게 이해할 수 있게 돕는 것이 이번 활동의 핵심 사항이라 할 수 있다.

100분 토론 – 행복찾기 커뮤니케이션

정책의 결정자는 토론을 바라보는 바로 우리다. 토론은 승패가 정해진 게임이 아니라, 토론을 통해 주어지는 다양한 정보와 논리력들을 통해 대중들이 올바른 정책 결정을 하게 하는 것이기 때문이다. 학교에서의 체벌금지법을 가지고 진행된 이번 토론에서는 다양한 시각과 논리적인 근거 그리고 여러 가지 합리적인 대안들이 제시되었다. 그 어느 때보다도 열정적이고 어느 하나 가볍게 여길 사안이 없을 만큼 알찬 시간이었다. 토론이 진행되는 내내 상대팀과 청중들을 더욱 더 잘 설득하기 위한 토론자들의 승부근성이 엿보였다. 하지만 토론은 토론자 간에 승패를 가르는 게임이 아니다. 승패의 관건은 결국 청중인 시민의 마음에 따라 결정된다. 따라서 서로 부딪히는 주장을 가지고 서로의 다름을 인정하면서 정보의 개방을 극대화하는 과정을 토론이라고 할 수 있다.

토론은 변증법적인 과정이다. A와 B가 부딪혀 ABC가 나오는 것이 목표라고 볼 수 있다. 우리는 단순하게 상반된 두 개의 의견을 보지만, 그 과정은 더 좋은 정책, 곧 미래에 행해지는 일들을 더 행복하게 진행할 길을 모색하는 것이다. 토론이 '행복을 찾기 위한 소통'이라는 사실은 우리 모두를 반성하게끔 한다. 토론에 직접 참여한 당사자로서, 혹은 토론을 바라보는 청중으로서 우리는 얼마나 '행복을 찾기 위한 목적'을 가지고 토론에 임하는가? 자신이 주장하는 의견을 관철시키기 위한 목적만을 가지고 고군분투하거나, 단지 상대방의 의견을 무시하기 위해 보는 이의 눈살 찌푸릴만한 행동을 하지는 않았는지 생각해 볼 필요가 있다.

우리가 진행한 아카데미식 토론 방법은 형식적이고 딱딱하다고 느껴질 수도 있다. 하지만 자신의 의견을 모두 말하고, 또 모두 듣는 시간을 가진다는 점에서 어찌 보면 가장 개방적인 형식이 될 수도 있다. 상반된 의견을 가진 상대방을 설득시키는 토론은 서로 존중하고 이해하는 과정이며, 다툼이 아니라 함께 앞으로 나아가는 공생 방법의 하나임을 다시 한 번 인지해야 한다.

이러한 관점에서 봤을 때 우리들의 토론은 무척이나 이상적이었다. 경청하는 자세, 상대팀이 제시한 대안에 대한 관심과 칭찬, 박수와 격려로 이어진 훈훈한 마무리까지…. 우리에게 익숙한 TV토론에서는 쉽사리 찾아보기 어려운 모습이었다.

우리는 의견 평가 과정을 통해서 서로 중요하다고 생각한 의견이 조금씩 다르다는 것을 알게 되었다. 서로 다른 의견이지만 중요하다고 생각한 것이 다르다는 것조차 인정하고, 나의 커뮤니케이션 방법에 대해서 돌아보아야 한다. 아무리 토론의 본 성격이 행복을 찾는 커뮤니케이션이라 할지라도 거기에 임하는 사람들의 목적과 태도, 그리고 소통하는 방식 등이 이에 합일하지 못한다면 우리가 추구하는 행복은 그 어디에도 없을지 모른다. 커뮤니케이션을 통해 '모든' 사람이 행복할 수는 없다. 하지만 보다 많은 이의 행복을 목적으로 이루어지는 끊임없는 소통은 궁극적으로는 '최대 다수의 행복'을 위해 우리가 할 수 있는 최상의 노력임이 분명하다.

활동 GUIDE

04 비상착륙게임

1 소개

비상착륙게임은 사막에 비상착륙한 비행기의 생존자가 처해 있는 상황에서 생존하는데 필요한 비상물품의 목록을 주고, 팀원들 사이에 만장일치로 가지고 가야 할 물품의 우선순위를 정하는 게임이다.

2 준비

1) 활동방식

자원이 제한된 극단적 상황 속에서 각 참여자가 협상을 통해 문제를 해결해 나간다.

2) 준비물 비상물품 목록부록 05, 235쪽, 상황 설명서부록 06, 237쪽, 평가지부록 07, 238쪽

3) 진행시간 1시간 30분

3 실행

- 임무: 각 팀이 들고 갈 수 있는 물건들의 순서를 정하는 것이다. 가장 중요한 물건은 '1'을 그다음으로 중요한 물건에는 '2'를 주는 식으로 8개의 물건을 정한다. 이때 당신이 속한 팀은 모든 물건의 순서를 하나도 빼지 않고 만장일치로 정해야 한다. 이중 하나의 물건은 바트나BATNA: Best Alternative To a Negotiated Agreement이다.

- 협상: 자기 팀에서 정한 8개의 물건 리스트는 비밀에 부친 상태에서 상대와 협상을 통해 필요한 물건을 하나씩 가져온다. 협상은 총 3차례 이루어진다. 첫 번째 협상에서 3개의 물건, 두 번째 협상에서 3개의 물건, 그리고 마지막 협상에서 2개의 물건을 각각 확보한다.

- 평가: 자기 팀에서 정한 순서에 따라 확보된 물건의 가치를 평가한다. 예를 들어 1위 물건이 확보되었으면 8점, 2위 물건이 확보되었으면 7점, 3위 물건 6점이 되며, 7위 물건은 2점이 된다. 순위에 없는 물건은 0점이 되며, 바트나는 5점을 부여한다. 여기에 이상적인 순위 값을 곱하여 1위는 16점, 2위는 15점…, 전체 합계 점수가 높은 팀이 이긴다.

- 협상의 기본 원칙

  1) 논리를 가지고 주장하라.

  2) 만장일치나 갈등을 피하고자 자신의 주장을 포기하지는 마라.

  3) 다른 사람의 의견이 당신의 의견과 적어도 부분적으로라도

일치할 때만 그 의견을 지지하라.

4) 다수결 원칙, 중간, 혹은 물물 교환식 거래 등의 갈등 해결 기술은 피하라.

5) 어떠한 의견이라도 건설적이라고 생각하라.

- 이제 모든 팀원이 각자의 비상물품의 순서를 글로 적어서 정리하도록 한다. 이때 다른 사람과 의논하지 않는다. 그리고 나서 정해진 조장이 그 결과를 모은다. 그리고 앞에서 설명한 몇 가지 원칙에 따라 순서를 논의하고 그 결과를 칠판이나 전지에 기록한다. 각 조의 결과를 전체와 비교해 본다. 여기에서 가장 흥미롭게 살펴볼 수 있는 것은 전체 결과와 비교해 볼 때 참석자 중 가장 정확한 사람과 가장 정확하지 못한 사람의 격차, 주어진 기본 원칙의 준수 정도 그리고 조별 작업을 비교, 검토하는 것이다. 조별 작업의 결과에 대해서는 우선 조별로 분석하게 하고 난 다음 전체가 함께 토론한다.

토론할 내용은 다음과 같다.

— 게임을 수행하는 과정에서 누가 주도적으로 팀을 지배했고, 누가 수동적 혹은 능동적이었는가?

— 팀 내에 연계가 있었는가?

— 서로 다른 의견 차이를 어떻게 극복했는가?

— 개별적으로 선정한 목록의 순서가 팀에서 전체가 결정한 우선 순위보다 나았음에도 무시당한 사람은 없는가?

— 첫 번째 협상 이후 해당 참석자의 반응은 어떠했으며, 해당 팀의 반응은 어떠했는가?

송창석(2011). 『새로운 시민교육 방법』, 백산서당.

▲활동 포인트

이 게임은 서로 다른 상대방의 이해와 욕구에 맞서서 자신의 이해와 욕구를 관철하고, 그 과정에서 서로 양보와 타협을 체험하는 목적을 갖고 있다. 하나의 사안을 놓고 얼마나 서로 다르게 바라보는지, 그리고 다른 관점과 입장을 조정해나가는 것이 얼마나 어려운지 깨달음으로써 다양한 이해관계를 조정해나가는 소통 리더의 역할에 대해 새삼 인식해보는 계기를 만드는 것이다.

협상이 난관에 봉착할 시에는 바트나라는 협상 최선의 대안을 활용하여 문제를 해결해 나가기도 했다. 바트나는 협상에 대한 최선의 대안을 말하며, 나아가 협상을 통해 합의에 도달하지 못할 때 택할 수 있는 또 다른 선택의 대안을 의미한다. 실제 사회적 갈등에서 나타나는 바트나의 형태에는 협상중단, 다른 협상 상대방으로의 전환, 법원의 판결에 호소, 파업의 감행, 다른 형태의 연합 또는 제휴 형성 등이 포함될 수 있다.

한편, 협상은 여타의 의사소통방식과 달리 상호 만족할만한 수준으로의 합의에 이루는 과정이라는 결론을 도출하였다. 물론 이것은 협상당사자들의 '태도'가 무엇보다 중요하다는 점을 전제해야 가능하다. 무조건 자신의 뜻대로 협상을 이어나가려는 안하무인의 입장을 취할 경우 소통이 단절되는 것은 물론, 관계의 단절이라는 극단적인 결과까지도 불러올 수 있기 때문이었다. 따라서 협상 역시 관계와 소통에 대한 태도로부터 비롯되며, 마음가짐의 문제라는 점이다. 승자와 패자가 반드시 양립하는 설득의 규정이 아니라, 갈등에 개입된 모든 주체가 윈—윈Win—Win할 수 있는 협상이야말로 이상적 소통의 방식일 것이다. 따라서 협상능력을 갖춘 사람은 갈등 상황에 대한 판단의 순발력과 적절한 언어표현, 나아가 사람에 대한 예의와 관계를 유지하는 태도를 갖춘 이상적 인물임에 틀림없다. 이것이 바로 우리가 협상적 인간이 되어야 하는 이유이다.

4 진행상의 유의점

활동을 하고 나서는 이상적인 순위부록 08, 239쪽를 참고해서 점수를 매기면 된다.

5 활동 후의 토의사항

활동을 하고 나서 학생들이 다음과 같은 내용으로 토론을 진행하면 이 활동의 의의를 새롭게 인식할 수 있는 기회가 될 것이다.

- 협상에 임하는 당신의 스타일은 무엇이었는가? 타협? 경쟁? 혹은 통합?
- 협상 스타일에 따른 느낌은 어떠했으며 스타일별로 차이는 무엇인가?
- 협상에서 통합스타일은 가능한가?
- 상대의 입장과 이해에 대한 예측은 정확했는가? 정확했다면 그 이유는? 정확하지 않았다면 그 원인은 무엇일까?
- 상대에 대한 이해가 협상에 어떤 영향을 미쳤는가? 긍정적이었는가 아니면 부정적이었는가?
- 이 게임을 통해 우리의 현실에서 일상적으로 펼쳐지는 협상들에 대해 어떠한 생각이 들었는가?

비상착륙게임
–양보와 타협이 가져다주는 최선의 결과

특정한 상황에 따라 필요한 물품을 상대편과 교환하는 형식으로 진행된 본 프로그램에서는 양보와 타협을 통한 협상과정을 직접적으로 체험해볼 기회가 되었다. 이 프로그램을 시행해 보니 게임의 형식을 띠고 있어서인지 다들 열성적으로 참여하는 모습을 볼 수 있었다. 협상을 시작하기에 앞서 선행되어야할 것은 협상을 통해 얻고자 하는 자신의 욕구를 파악하는 것이었다. 이후 협상 과정에서 대화를 통해 상대방의 욕구를 파악하고 나서, 이 둘을 절충할 방안으로 협상을 진행했다. 협상이 난관에 봉착할 시에는 바트나라는 협상 최선의 대안을 활용하여 문제를 해결해나가기도 했다.

협상이 다른 의사소통방식과 가장 두드러지는 차이는 상호 만족할 만한 수준으로의 합의에 이르는 과정이라는 점이다. 이것이 이루어지려면 협상 당사자들의 '태도'가 무엇보다 중요했다. 무조건 자신의 뜻대로 협상을 이어나가려는 안하무인식의 입장을 취할 경우 소통이 단절되는 것은 물론, 관계의 단절이라는 극단적인 결과까지도 불러올 수 있기 때문이었다.

협상 결과 각 팀의 점수는 다양한 양상을 보여주었다. 한쪽으로 극단적으로 치우친 경우도 있었고 둘 다 점수를 별로 받지 못한 경우, 둘 다 많이 받은 경우 등등 다양했다. 점수가 이렇듯 다양하게 나오는 이유는 가중치의 차이 때문이다.

협상이란 물론 자신의 이익을 최대화하는 게 중요하지만, 윈-윈 전략을 택해서 팀별 합산 효용이 제일 높은 쪽이 최고의 협상 결과를 이끌어 냈다. 협상에서 서로 원하는 것이 다를 경우 협상이 보다 원활하게 진행되어 보다 좋은 결과에 이름을 알 수 있었다. 시간만 충분하다면 가중치를 고려하여 결과에 대해서 분석하고 이에 대해 얘기해 보는 것도 협상의 체험에 좋은 효과가 있을 것 같다.

win-lose의 '경쟁' 을 넘어서 양측 모두가 win-win하는 '협상'은 일상생활에서도 꾸준히 추구해야 할 이상적인 커뮤니케이션이 아닌가 생각한다. 협상의 중요성과 이와 같은 소통방식이 가지는 긍정적인 효과를 깨달은 만큼 상대방의 마음을 설레게 할 정도의 강한 협상 능력을 갖추고 싶은 동기부여가 생긴 시간이었다.

활동 GUIDE

05 재판

1 소개

민사나 형사 혹은 시사적인 법적 분쟁을 체험함으로써 갈등에 개입하고, 다양한 시각에서 입장을 밝히며 주장을 연습한다.

2 준비

1) 활동방식

민사사건, 형사사건, 국제 분쟁 가운데 학생들이 큰 어려움 없이 다룰 수 있는 법적 공방을 선정한다. 국제 분쟁으로는 골프전쟁과 같은 군사적 갈등이나, 유고 내전, 유럽에서의 관세장벽, 유로화 문제 등이 가능하다.

2) 준비물

- 적절한 갈등을 선택하고, 이에 상응해서 재료를 준비
- 이혼법정의 경우 관련 비디오를 준비할 수 있다.
- 재판에서 특징적인 것은 피고, 원고, 변호사, 판사의 역할이다.
- 참여 학생들을 각 역할에 따라 배정하여 준비하도록 한다.
- 일정한 준비가 끝나고, 판사의 주재 하에 법적 공방을 실행한다.

3) 진행시간 1시간 30분

3 실행

- 주어진 법적인 사안을 원고 혹은 피고의 관점에서 조명하고, 자신의 입장을 설득한다. 예를 들어 걸프전은 피고는 이라크 정부이고, 원고는 쿠웨이트, 이스라엘 그리고 미국 정부이다. 판사는 국제사법재판소장이다. 이에 상응해서 총 5개의 집단이 구성된다.
- 재판은 원고가 먼저 발언하고, 다음 피고가 발언하면 의장인 사법위원회가 주장에 대해 평가를 한다. 판결문은 내지 않는다.

▲활동 포인트

우리 사회의 모든 분야에서 소통의 중요성과 그 위력을 실감하고 강조하지만, 진정 소통을 통한 설득의 결과가 여실히 드러나는 영역이 재판과 같은 형태도 없을 것이다. 그래서 법정에서 이루어지는 모든 커뮤니케이션에서는 명백한 사실과 합당한 근거에 입각한 논리적인 입증을 통해 설득하는 것이 중요하다. 그러한 논리적 입증은 현재 시점에서의 기억과 증거, 정황 등의 근거를 가지고 이루어진다. 따라서 과거 사실과 정황에 대

> 한 추론적 판단이 주로 이뤄진다. 바로 이 지점에서 재판은 과거 지향적 커뮤니케이션이라는 점이 도출된다. 과거에 있었던 행위에 대한 시시비비를 가리는 목적으로 이루어지는 재판은 책임 소재를 파악하는 '차가운 게임'이다. 따라서 재판에서는 명백하게 승자와 패자가 구분된다. 이러한 과정과 결과 속에서 갈등에 개입된 많은 주체는 승자든 패자든 관계없이 많은 상처를 안게 된다. 이것이 바로 과거 지향적 커뮤니케이션의 한계일지도 모른다. 현재로부터 미래로 향하는 변화의 가능성과 행복의 예고를 공유하는 소통이 될 수 없기 때문이다. 물론 과거 행위에 대한 분석과 반성은 현재와 미래를 위해 필수불가결한 요소이기는 하나, 온전히 과거 특정 행위의 원인이나 잘잘못만을 따지는 재판은 심각한 관계의 분리와 단절, 상대에 대한 불신이라는 상황에서 이루어진다. 그래서 재판진행 과정이 고통의 시간임은 분명하다. 이번 모의재판 시뮬레이션을 마치고, 여러 참가자가 다음의 말에 전적으로 공감했다.
>
> "인생을 살면서 '재판'은 웬만하면 겪지 않는 것이 최상이다."

4 의미와 발견

'호모 커뮤니쿠스' 워크숍에서는 이혼법정에 관한 '모의재판'으로 진행해 보았다. '부부의 이혼 책임이 누구에 있는가?'라는 상황을 가정하고, 피고 측과 원고 측, 판사와 배심원, 청중들을 구성원으로 모의재판을 직접 체험하였다. 이 과정을 통해서 소송에 의해 이루어지는 사법적 커뮤니케이션으로서의 재판은 어떠한 특성을 가지고 있으며, 이러한 소통방식의 영향력에 대한 의견들을 자유롭게 공유하였다. 소송을 통한 재판은 '원인 찾기' 커뮤니케이션이다. 그 원인 찾기의 과정은 재판이라는 법적 판단의 공간에서 적나라하게 발설되고 입증되어 간다. 이 입증과정이 끝나면, 누군가는 승자로, 또 다른 누군가는 패자로 구분된다.

재판의 과정과 결과 모두, 그 영향력은 실로 직접적이며 파괴적일 만큼 막강하다. 누군가의 잘잘못을 지금의 관점에서 추론하고 판단하는 것 자체가 법정논의를 엄정한 논리에 입각한 진실게임으로 몰고 간다. 이러한 과거 지향적인 재판 커뮤니케이션은 진실을 밝히는 목적에는 맞을지 몰라도, 재판과정에 참여한 모든 당사자들이 이 과정을 진행하면서 다소간의 상처를 입을 수밖에 없는 논의구조를 지닌 것이다. 이러한 부작용 때문에 서구에서는 재판 대신에 다양한 대안적인 분쟁조정ADR 제도를 모색하고 있다.

재판— 원인 찾기 커뮤니케이션

사법적 장르는 아무래도 내게 가장 낯선 장르였다. 숙의적 장르와 과시적 장르는 대중 매체를 통하거나 스스로 은연중에 접하게 되지만, 재판관, 배심원과 같은 청중이 되지 않는 이상 사법적 장르를 접할 일은 없을 거로 생각했다. 하지만 사법적 장르가 오늘날의 사법부와 같은 좁은 의미의 법적 판단이 아니라 과거의 행위에 대한 일상적인 판단 전반을 포괄하는 넓은 개념이라는 것을 알게 되면서, 내가 일상에서 내려온 수많은 판단 역시 사법의 연속이었다는 걸 이해하게 되었다. 모의재판 워크숍은 이 같은 사법적 장르의 말하기를 익힐 수 있는 가장 좋은 방법인 것 같다.

누군가의 생과 사에 직접적인 영향을 미칠 수 있을 정도로 막강한 힘을 가진 소통이 바로 재판에서의 커뮤니케이션이다. 여러 분야에서 소통의 중요성, 소통이 가진 위력 등을 강조하지만, 진정 말로 인한 결과가 여과 없이 드러나는 곳이 바로 재판이기 때문이다. 그래서 재판에서는 더더욱 명백한 사실과 합당한 근거에 입각한 논리적인 입증이 중요시된다.

이 점에서 재판에서 이루어지는 커뮤니케이션은 전형적인 과거 지향적 커뮤니케이션이다. 하지만 과거에 이루어진 행위에 대한 잘잘못을 따지는 목적으로 재판이 진행되기 때문에 사법적 커뮤니케이션은 현재 가지고 있는 기억, 증거, 정황 등을 가지고 과거를 추론하고 판단할 수밖에 없다. 과거 지향적 커뮤니케이션의 가장 큰 문제점은 현재 시점에서 무언가를 변화시킨다는 것이 아예 불가능하다는 것이다. 과거의 행위에 대한 분석과 반성을 통해 얻은 교훈 등을 현재 혹은 미래에 적용할 수 있다면 가장 이상적이겠지만, 온전히 과거의 특정 행위에 대한 원인 혹은 잘잘못만을 따지는 재판에서는 대개 양쪽 모두에게 씻지 못할 상처를 안겨주게 된다. 이혼 소송을 한 원고의 역할을 맡아 재판에 참여하는 동안, 감추고 싶은 사실까지 모두 드러내야 하는 과정은 실제가 아님에도 불구하고 이따금 울컥하는 기분을 들게 했다. '모의재판을 통해 간접 경험을 해보니까 재판은 웬만하면 겪지 않는 게 좋겠다' 라는 학우들의 공통된 소감은 과거 지향적 커뮤니케이션이 갖는 부정적인 성격과 한계를 방증해 주는 듯했다.

법 없이도 살 사람이 될 수 있다면 좋겠지만, 법정에 서서 나 자신을 변호해야 할 일이 언젠가 한 번쯤은 생길지도 모르겠다. 고대 그리스 사람들의 지혜를 빌려 나를 변호해보자.

> "존경하는 재판장님, 저는 그런 행위를 한 적이 없습니다. 설령 그 행위가 일어났을지라도, 원고에게 해가 될 만한 사항이 아니었으며, 해가 되었을지라도 크게 영향을 끼치지는 않았을 겁니다. 제 행위는 불법적이거나 비도덕적이지 않고, 대수롭지 않은 일입니다. 검사가 제시하는 증거는 조작되었거나 반증 가능한 것입니다. 저는 법 없이도 살 수 있는 성실한 사람이며, 저는 결백합니다."

활동 GUIDE

06 프로젝트 회의

1 소개

개인의 아이디어를 공동의 자산으로 만들려고 아이디어를 통합하고, 이것이 실제로 조직적으로 행동에 옮겨질 수 있도록 효력을 발휘할 수 있는 커뮤니케이션 활동을 경험해 본다.

2 준비

1) 활동방식

지금 학생의 관점에서 다뤄보아야 한다고 생각하는 당면한 과제를 하나 정하고, 이를 달성하기 위한 아이디어를 내고, 이것을 모아서 실천할 수 있는 계획으로 만들고, 이를 실천한다.

2) 준비물 회의 주제 및 짤막한 배경 설명, 의사결정을 도와주기 위한 도구들

3) 진행시간 1시간 30분

3 실행

회의 진행자, 기록자를 선정한다.

- 회의 주제를 미리 정하고, 이를 미리 팀원들과 공유한다 호모 커뮤니쿠스의 비전 설립하기/학교 내 소통 활성화 등.
- 각 팀원은 회의 시간에 제시할 아이디어를 미리 생각해 온다.
- 본 회의를 시작하면서, 진행자는 회의의 목적과 방식을 설명해 준다.

- 팀원들은 각자 자신이 준비해 온 방식대로 아이디어를 발표한다.
- 그 자리에서 생각난 아이디어를 추가로 발표한다.
- 진행자는 이 아이디어들을 정리한다.
- 정리된 아이디어를 공표한다.
- 이것을 실천하기 위한 구체적인 방안을 내도록 한다.
- 실천 방안에 대한 합의를 명확히 하고, 이에 대한 책임 분배를 한다.
- 회의에서 나온 결정사항을 명문화해서 팀원 및 다른 학생들에게 알린다실천하겠다고 내세운 행동은 학기 내에 실제로 실행에 옮길 것.

4 의미와 발견

프로젝트 회의는 여러 사람이 모여서 새로운 프로젝트를 설정하고, 이를 실제로 실행할 수 있도록 계획하는 것을 포함한다. 이를 위해서는 새로운 아이디어가 많이 발생하여야 한다. 고리타분하고 언제나 있었던 방식을 답습하게 되면, 자기 팀만의 고유한 위치를 찾기가 어려워 경쟁력을 갖추기 어려울 것이다. 그래서 개발한 아이디어를 많이 만들어 낼 수 있는 자유로운 분위기가 조성되어야 할 필요가 있다. 하지만 이 활동에서 더욱 중점을 두는 것은 기발한 아이디어 자체라기보다는, 이를 여러 사람의 의견으로 조정해 나가는 커뮤니케이션 과정이다.

사람들이 각기 다른 아이디어를 제출했을 때, 이것을 어떻게 다른 사람들에게 설득력 있게 발표를 할 수 있는지가 첫 번째 관건이다. 자신이 원래 생각했던 취지와 의도를 최대한 살려야 사람들도 그 아이디어에 대해 잘 이해를 하게 되고, 이를 채택할 것인지 아닌지에 대한 판단을 내릴 수 있을 것이다.
두 번째는 여러 의견을 정리해서 몇 가지 팀에서 실천할 수 있을만한 범위로 좁히는 것이다. 모든 사람의 의견을 통합하기 위해서는 몇 가지의 아이디어는 탈락이 될 수도 있고, 몇 가지 아이디어들은 다른 언어로 변경해야 할 필요도 있다. 여기에서 논리적 도약이 생길 것이다. 이 과정에서 아이디어를 제출한 당사자 모두의 거부감 없이 합의를 이룰 수 있도록 유도하는 진행자의 능력이 필요하다.
세 번째는 이를 실천 가능한 계획으로 변경시키는 일이 필요하다. 여기에서는 현실적인 요건들과 당사자들의 이해관계를 고려해야 할 것이다. 현실성 검증을 하면서, 앞서 나왔던 아이디어 중에서 탈락하는 것이 또 있을 것이다. 그리고 최대한의 효과를 나타내기 위해서는 어떻게 해야 할지 실행에 대한 창의적인 아이디어가 창출될 필요가 있다.

네 번째는 이를 명확히 정리하고 표명하는 것이 중요하다. 사람들의 언어는 같은 말일지라도 서로 다른 의미가 있을 경우가 많다. 최대한 명확히 전달하지 않으면, 나중에는 분쟁의 소지가 될 여지가 많다. 따라서 합의를 이뤘다면 최대한 빨리 모두가 이해할 수 있는 말로 간단히 브리핑을 해주고, 문서로 밝히고, 이를 공유하는 과정이 있어야 한다.
마지막으로는 실제 실행에 옮기는 것이 중요하다. 프로젝트는 단지 언어 행위만이 아니라, 실행에 옮겨져야 마무리가 되는 것이다. 따라서 한정된 자원을 가진 상황에서 최대한 실행에 옮겨 보는 것이 좋을 것이다.

회의의 과정에 필요한 커뮤니케이션 요건을 다시 정리해 보면,

1) 창의적 발상과 설득하는 전달.

2) 의견 수렴 및 통합.

3) 현실성 검증을 통한 의견 재조정 및 실천계획 수립.

4) 명확한 결정 사항 공유.

5) 실행 등이 될 것이다.

▲활동 포인트

회의는 복수의 사람들이 모여서 특정한 의제 또는 문제를 해결하기 위해 다양한 의견이나 정보를 적극적으로 교환하여 공통의 이해로서 의견의 일치를 찾아서 행동하도록 구성된 일종의 회합체 내지는 모임이라고 할 수 있다. 이 정의에서 우리는 먼저 회의가 성립되려면 다수의 사람으로 구성된 모임이 있어야 하고, 이 모임에서 논의해야 할 의제나 해결해야 할 문제가 있어야 하며, 회합에서 다양한 의견이나 정보를 자유롭게 교환해야 하고, 공통의 이해를 통해 의견의 일치를 찾아야 하며, 논의 결과를 행동화해야 한다는 특징을 도출해 낼 수 있다. 즉, 회의는 이견이 있는 사안을 놓고 자유롭고 깊이 있게 논의하는 장이며, 서로 다른 이해관계를 조정하여 의견을 일치를 도출할 뿐만 아니라 이를 실행에 옮기는 역할까지 맡고 있다.

회의에서 어떠한 제안을 하는 사람이나 팀은 자신의 입장을 설득하기 위해 논리적인 근거를 제시해야 한다. 이를 필수논리라고 한다. 회의에서 정책제안자의 필수 논리는 크게 네 가지 단계로 진행되어 제시된다. 즉 문

제제기·원인분석·해결방안·실행방안이라는 네 단계로 논의가 진전됨에 따라 제안자는 각각 다음의 논리를 제시해야 한다. 문제제기 단계에서는 정책적 변화를 주장할 만큼 상황이 심각하다는 점이 입증되어야 한다. 원인분석 단계에서는 이처럼 심각한 상황의 원인이 지금까지 유지되어온 기존의 정책이나 제도로 인한 지속적인 문제였음을 입증해야 하는 동시에 새로운 정책으로 변화하지 않으면 이러한 심각한 상황은 미래에도 지속적으로 유지될 수밖에 없다는 점이 입증되어야 한다. 해결방안 단계에서는 자신이 제안한 정책이 제기된 심각한 문제를 해결할 수 있다는 점이 입증되어야 한다. 또한 이렇게 새로운 정책으로 변화했을 때 얻을 수 있는 이익의 몫이 변화했을 때 초래될 불이익보다 더 크다는 점도 입증되어야 한다.

이 두 가지가 선결되지 않는 한 새롭게 변해야 할 명분이 약해질 수밖에 없다. 마지막으로 실행방안 단계에서는 이 정책을 실천에 옮길 수 있는 주객관적인 여건이 충분하다는 점이 입증되어야 한다. 아무리 좋은 방안도 실천에 옮겨질 형편이나 상황이 되지 못한다면 탁상공론에 그칠 수밖에 없기 때문이다. 이상의 네 단계별로 5가지의 논리를 제시하는 것이 회의에서 정책 제안자가 반드시 입증해야 할 필수논리이다.

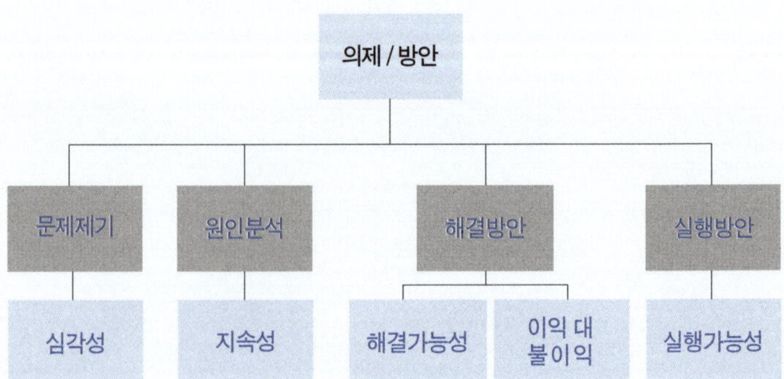

반면 회의에서 어떠한 제안에 반대하는 사람 역시 자신의 입장을 설득하

기 위해 논리적인 근거를 제시해야 한다. 이를 반대자의 필수논리라고 한다. 회의에서 정책반대자의 필수논리는 크게 세 가지 차원으로 구성되어 있다. 정책적 변화의 불필요성, 비실효성, 불이익의 차원에서 논리를 제시해야 한다. 즉 현재 상황 자체가 변화해야 할 명분과 정당성이 없다는 점을 문제의 비 심각성과 비 지속성 차원에서 입증해야 한다. 또한 상대가 제기한 정책방안이 제기된 문제를 해결할 수 없고, 또 실천에 옮길 수도 없다는 점을 증명해야 한다. 마지막으로 이 같은 정책적 변화가 초래할 이익보다 오히려 이 때문에 불이익이 더 크다는 점도 입증해야 한다. 이 세 가지 차원의 반대논리가 설득력을 얻게 되면 회의에서 논의된 정책은 받아들여질 가능성이 없다고 볼 수 있다. 회의에서 정책적 제안을 놓고 찬성하거나 반대하는 입장의 필수논리의 구조는 다음과 같다.

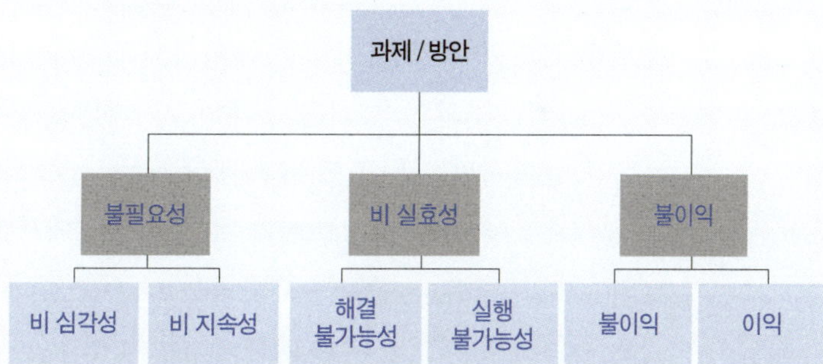

5 진행상의 유의점

진행자가 나름의 아이디어 창출 및 수렴 기법을 배울 수 있도록 도와준다. 예를 들어, 브레인스토밍, 브레인라이팅, 로직맵, 피쉬본 등의 기법들을 소개해 준다.

월드카페

프로젝트 회의에 관한 이해를 돕기위해 강의실에서 진행되었던 '월드카페'라는 프로젝트 회의의 사례를 소개하고자 한다. '월드카페'는 후아나타 브라운Juanita Brown박사와 데이비드 아이잭스David Isaacs에 의해서 1995년에 개발된 논의의 형식으로서 사람들이 카페와 유사한 공간에서 창조적인 집단 토론을 함으로써 지식의 공유나 생성을 유도하는 토론 프로세스이다. 월드카페는 '지식과 지혜는 딱딱한 회의실에서 만들어지는 것이 아니라 열린 공간에서 이루어지는 사람들 간의 토론을 통해 생성된다'는 생각에 기반을 두고 있다. 강력한 질문에 관한 해답을 얻고자 결과를 취합하는 과정을 거치기 때문에 주로 전략회의나 정책결정 프로세스로 사용된다.

이번에 진행한 월드카페의 주제는 '사랑한다 20대~!! 진정한 20대가 무엇인지에 대해 이야기 해보자!'였다. 이 주제를 선정하게 된 문제의식은 '20대 자살률 세계 1위 대한민국 20대들의 진정한 행복'에 대해 대화를 하자는 취지이다. 대한민국의 20대는 경쟁사회 속에서 심한 우울증과 좌절감을 안고 사는 '88만 원세대'로 표상되어 있다. 입시나 취업에 실패할 때 사회낙오자로 몰리는 현실에서 대한민국 20대는 단순한 마케팅의 수단으로 전락하는 것과 같은 현실문제에 대해 20대들이 직접 대화로 문제를 논의해 보자는 것이다.

이번 월드카페는 7개의 테이블로 구성되었다. 각 테이블의 주제와 주요 논의점은 다음과 같다.

1. 20대의 인맥 20대에 인맥이 중요한 이유/내가 인맥을 유지해나가기 위해 하는 노력
2. 20대의 이미지 메이킹 20대에 만들고 싶은 나의 이미지/20대가 원하는 이성의 이미지
3. 20대의 스펙 20대에게 스펙이란?/20대가 원하는 스펙의 모습
4. 20대의 여행 20대에게 여행이 갖는 의미/20대 여행의 필수 코스
5. 20대의 연애 20대의 연애가 갖는 특별한 의미/20대가 원하는 연애상
6. 20대의 성격 20대의 성격의 유형 파악/성격 차이때문인 갈등사례
7. 20대의 아르바이트 20대가 아르바이트를 하는 이유/20대가 원하는 아르바이트

월드카페의 진행방법은 다음과 같다.

1. 대개 4~6명 정도가 한 테이블에 앉을 수 있도록 배치를 한다.
2. 테이블에는 대화 내용을 기록할 수 있는 종이와 사인펜, 색연필과 같은 필기도구와 접착식 메모지을 준비하여 올려놓는다.
3. 테이블에서 소통 달인호스트 1인을 선정한다. 달인의 역할은 참가자들 간의 대화를 촉진시켜주고, 한 사람이 너무 많은 이야기를 하지 않고 골고루 할 수 있도록 조정해주며, 이후 대화 내용을 정리하는 역할을 한다.

4. 테이블별 대화를 진행한다. 대화를 진행하면서 테이블 위에 있는 각종 기

록의 도구들을 자유롭게 활용하도록 한다. 본인만 볼 수 있는 메모를 하는 것보다 모두가 볼 수 있도록 테이블 위의 종이에 메모하는 것이 좋다. 다른 사람이 한 메모에 의견을 달거나 연결선들을 그려볼 수도 있다.

5. 30분간의 대화가 끝날 때쯤이면 전체 진행자가 1차 대화가 끝났음을 알린다. 끝나기 5분 전에 미리 공지를 해서 1차 대화 내용을 마무리해줄 것을 알려주는 것이 좋다. 1차 대화가 끝나면 참가자들은 테이블 호스트 1인만 남고 다른 테이블로 이동한다. 이동 시에는 최대한 앞선 테이블에서 만난 사람이 아닌 새로운 사람이 만날 수 있도록 한다. 테이블을 이동하는 이유는 모든 사람이 모두의 이야기를 서로 공유하기 위해서이고, 새로운 사람과의 대화를 통해 앞선 대화에서 나온 내용을 풍부하게 하기 위함이다.
6. 테이블 이동이 완료되었으면 테이블 호스트는 새로운 사람을 맞이하고, 앞선 테이블에서 나누었던 대화 내용을 짤막하게 2~3분 정도 내에서 소개한다. 앞선 사람들과의 대화 내용 소개가 끝났으면 다시 대화를 이어간다.
7. 이 테이블 이동 과정을 규모와 정해진 시간에 따라 몇 차례 반복적으로 진행할 수 있다. 모든 테이블 대화가 끝났으면 이제 전체 대화 내용을 모두가 공유해야 할 시간이다. 테이블별 소통 달인들이 앞에 나와서 테이블 대화 내용을 소개하는 시간을 갖도록 한다.

마치면서

에필로그 소통이 삶을 바꾼다는 것은…

'커뮤니케이션 애티튜드'의 삶 ― 김인영

내가 살아가는 세상의 크기는 내 인식의 크기와 같다. 즉 내가 소통하는 범주 안에 놓여 있다. 소통은 무엇인가에 의문을 가지고 질문을 던지며, 그것에 몰입하여 끊임없이 답을 구해가는 삶의 자세와 태도에 기인한다. 또한 대화와 소통은 사색이 전제될 때 의미가 있다. 이러한 마음가짐이 내 안에 습관으로 자리 잡을 때 진정한 소통이 가능하고, 소통을 통한 삶이 이루어질 것이다.

심리학자 윌리엄 제임스William James가 '생각이 바뀌면 행동이 바뀌고 행동이 바뀌면 습관이 바뀌고, 습관이 바뀌면 인격이 바뀌고 인격이 바뀌면 운명도 바뀐다.'라고 말한 것처럼, 소통은 의식과 태도, 행동이 함께해야 비로소 의미가 있다. 우리의 의식을 견고하게 하고, 지각의 영역을 확장하며, 나아가 유연한 행동을 실천하는 것이 소통의 본질이다. 타인과의 관계, 그리고 현상들을 의식적으로 인식하고, 지각, 판단하며 이를 내면화하고 행위를 교정하여 실천하는 태도attitude가 소통의 핵심이 될 것이다. 따라서 우리는 항상 '커뮤니케이션 애티튜드'를 갖고 삶을 마주해야 할 것이다.

끊임없이 '적절한' 소통 지점 찾기 — 김은정

말하는 능력이 시민의 필수요건이자 생존조건이었던 고대 그리스에서 사람들은 말을 잘하려면 '타고나지는 않았지만 그렇다고 특별한 교육에 기인한 것도 아닌 자발적인 능력'에 '교육에 의해 획득되고 전수될 수 있는 능력'을 더해야 한다고 했다. 그래서 그들은 수사학을 '기대치 않았던 논거들, 새로운 표현법들을 만들어냄으로써 자신만의 설득의 기술을 구축하는 창조적 능력'을 만들어내는 교육으로 보았다.

2000여 년이 지난 오늘, 우리는 다시 뛰어난 능력을 갖추고 있더라도 그것을 타인에게 효과적으로 전달하지 못하면 그 생각과 능력이 없는 것과 다름없다는, 이른바 '커뮤니케이션 능력이 경쟁력인 시대'를 살고 있다. 우리는 본능적으로 커뮤니케이션 기술을 습득하고 그 능력을 배양하며 살아가고 있으며, 나눔과 배움의 과정을 통해 우리 각자의 독특한 설득기술을 완성해가며 발전해가고 있다.

여기서 우리가 반드시 기억해야 할 것이 있다. 2000년 전부터 지금까지 태어날 때부터 원래 말 잘하는 사람은 없었다는 것, 모든 스피치는 항상 상대방인 청중을 상정하고 있고, 그래서 끊임없이 함께 '공유'하고 '공감'하려고 노력하지 않으면 아무 소용도 의미도 없다는 것이다.

나와 좋은 관계 맺기 – 남궁은정

나를 알아간다는 것은 남을 알아간다는 것과 다른 말이 아니라고 생각한다. 즉, 나를 알고 싶다고 해서 나만 공부하면 되는 것이 아니다. 상대의 말을 듣고, 비춰 봤을 때 나는 어떤 사람인지 더욱 잘 알 수 있게 된다. 나라는 것이 내 한 몸 안에 들어 있는 것이 아니라, 사실은 여러 사람과의 상호작용 속에서 발견되고 형성될 수 있기 때문이다.

대화를 하게 되면, 한 사람이 부족한 말을 하더라도, 상대가 여기에 말을 바꾸거나 덧붙이면서 의미를 채워 나가게 된다. 그것을 왔다 갔다 하면서 서로 공유할 수 있는 지점을 만든다. 상대가 말한 것은 그냥 상대가 말한 것, 내가 생각하는 건 그냥 내가 생각하는 것. 그것이 전부가 아니라는 것이다. 이것이 통합되고 전환되면서 점점 합의를 이뤄가고 소통이 되는 것이다.

이것은 어쩌면 '나와의 소통' 부분에서 말했던 것과는 모순되는지도 모른다. 대화 속에서 나를 찾는 것과 다른 사람들의 기대 속에서 자신을 밝히는 것이 무슨 차이가 있는 것인지 모호해진다. 현상적으로 그리 다른 것이 아니라는 생각도 든다. 이때 좋고 건강한 관계가 무엇인지 떠올려 보면 좋을 것이다. 편안하고 부드러우면서도 서로 발전을 할 수 있도록 일으켜주는 관계…, 이런 관계를 맺고 있는지? 이런 관계 속에서 대화하는 것인지…, 반대로 내가 진정으로 원하는 나의 모습과 멀어지게 만드는 것은 아닌지.

좋은 대화와 관계 속에서 나를 발견하게 되면, 나는 행복 속에서 살아갈 수 있다. 행복은 고통이 없는 상태를 말하는 것은 아닐 것이다. 편안하고 좋은 상태와 더불어 힘들고 고통스러운 상태에서 살아가는 나 자체를 받아들일 수 있는 것이 행복이 아닐까. 대화와 관계를 통한 나와의 소통은 이렇게 나를 행복한 삶으로 초대하면서 삶을 조금씩 바꿔나가는 것은 아닐까.

부록 1

활동

부록

01 [활동] 가치 찾기

가치 목록

1. 수용성—그대로를 받아들임
2. 업적—일을 만들고 해냄
3. 명확성—내 주관이 뚜렷해야 함
4. 성취—중요한 업적을 많이 달성함
5. 모험— 새롭고 흥미로운 경험을 많이 함
6. 애정—따뜻함과 정겨움을 나눔
7. 매력—신체적 정신적으로 사람들을 끌어들임
8. 권위—맡은 일에 책임을 다함
9. 자율성—혼자서 완성함
10. 아름다움—아름다운 것을 느끼고 노래함
11. 돌봄—다른 사람들을 돌봄
12. 도전—어려운 일과 문제를 뛰어넘음

13. 변화—다양한 경험을 함
14. 안정—기쁘고 안락함 삶을 영위함
15. 맹약—맹세나 약속을 지켜나감
16. 연민—타인에 대해 느끼고 행동함
17. 연결성—타인과 연결되고 속해 있음을 느낌
18. 기여—내 본분을 다하고, 세계에 참여함
19. 협력—다른 사람과 함께 무언가를 해냄
20. 친절—타인을 배려하고 공손하게 대함
21. 창의성—새롭고 독창적인 생각을 만들어냄
22. 결단성—확신을 하고 행동함
23. 민주성—모든 이의 의견과 생각을 포용하고 균형을 맞춤
24. 신뢰성—일관성 있고 믿음만 함
25. 똑 부러짐—딱 떨어지고 복잡하지 않음
26. 의무—맡은 임무를 다함
27. 환경과의 공존—환경에 대해서 인식하고 살아감
28. 효과성—최소한으로 최대의 일을 함
29. 탁월성—높은 수준의 성과를 나타냄
30. 희열—전율과 자극이 있는 삶을 영위함
31. 믿음직함—관계를 맺는 데 있어서 충직하고 진실 됨
32. 명성—많은 사람에게 알려짐
33. 가족—행복한 소속감, 가족을 가짐
34. 단련—육체적 정신적으로 균형 잡히고 강건함
35. 유연성—새로운 환경에 쉽게 적응함
36. 용서—자비를 가지고 흘려보냄
37. 자유—구속되지 않고 독립적임
38. 우정—가깝고, 지지를 해주며, 서로에게 도움을 주는 관계를 맺음

39. 재미—웃고, 자유분방하게 인생을 계획하고 즐김
40. 자비—내가 가진 것을 타인과 나눔
41. 진실성—진짜의 나 자체로 살아감
42. 신의 의지—신의 뜻대로 살아감
43. 성장—점차 나아지려고 함
44. 조화—세계와 사람들과 어울려 살아감
45. 건강—신체적 정신적으로 괜찮음
46. 도움—양보하고 협조함
47. 신성함—독실한 삶을 추구
48. 솔직함—열려 있고, 신뢰가 가고, 단도직입적임
49. 희망—미래에 대한 긍정적이고 밝은 생각을 함
50. 겸손—온건하며 잘난 체하지 않음
51. 유머—나 자신과 세상의 즐거운 측면을 봄
52. 독립성—다른 사람에게 의존하지 않고 스스로 해결함
53. 성실—열심히, 잘 일함
54. 영향력—사람들을 움직이게 함
55. 내면의 평화—개인의 안정과 평온함을 경험함
56. 일치성—솔직하고, 진실하고, 진심으로 행동함
57. 지성—똑똑함
58. 친밀감—내밀한 경험을 타인과 교류함
59. 정의—모든 사람을 평등하고 합당하게 대함
60. 지식— 많이 알고 이해하고자 함
61. 리더십—앞에서 이끌어 감
62. 여유—쉼을 위한 시간을 가짐
63. 호감—타인의 배려나 감정들을 중요시함

64. 숙달—완성하고 할 수 있도록 함
65. 의식—생각을 하고 신중하게 살아감, 현재에 머묾
66. 중도—극단을 피함
67. 양육—타인의 행복을 만들어 나감
68. 자연—자연에 감사하고 칭송함
69. 비판정신—권위와 기준에 의문을 던지고 도전함
70. 몰입—어떤 생각이나 활동, 사람에 빠져 듦
71. 개방성—새로운 아이디어와 경험, 생각을 잘 받아들임
72. 질서—모든 것이 제자리에 질서정연하게 놓음
73. 힘—통제력을 가짐
74. 기쁨—행복하고 즐거운 경험을 가짐
75. 인기—많은 사람이 자신을 쉽게 좋아함
76. 현실성—합리적이고 실용적으로 생각하고 행동함
77. 목적성—삶의 의미와 방향이 있음
78. 합리성—이성과 논리에 따라 살아감
79. 신중성—믿을만한 생각에 따라 행동함
80. 인정—자신의 성과를 통해 잘 알려지고 칭송받음
81. 존경—대우를 받고, 타인도 대우해줌
82. 안정—안전하고 보호받음
83. 위험—기회를 얻음
84. 낭만—강하고 짜릿한 사랑을 함
85. 자존감—내가 괜찮다는 것을 앎
86. 자기를 받아들임—나에 대해 편안하게 여김
87. 자기 통제— 나의 행동을 단련시킴
88. 봉사—다른 사람을 도와주고 보조해 줌
89. 자기에 대한 앎—자신에 대한 깊고 솔직한 이해

90. 평온함—내면의 평화와 조용함을 가짐
91. 고독—타인과 떨어진 시간과 공간을 즐김
92. 성性—적극적이고 만족스러운 성생활을 영위함
93. 청렴—최소한의 필요에 만족하며 행복해 함
94. 관용—나와 다른 존재를 받아들이고 존중함
95. 영성—세속적인 것을 떠나 유일한 존재에 대한 믿음을 키워나감
96. 안전—상당히 일관적인 예측가능성을 즐김
97. 미덕—도덕적으로 순수하고 탁월한 삶을 영위함
98. 전통—과거의 귀한 유형들을 따름
99. 진실—사실, 진짜, 정확한 것을 추구
100. 부—많은 돈과 재산을 가짐
101. 세계 평화—지속 가능하며 평화로운 공존을 추구하고 이루고자 함

그밖에 자신이 가치가 있다고 생각하는 것….

부록

02 [활동] 아주 특별한 인터뷰

〈질문하기〉

1.자신이 살아오면서 최고의 때는 언제였는가? 왜? 주변 상황은? 그때의 나의 모습은?

2. 자신이 가장 살아있다고 느낄 때는 언제인가? 왜? 주변 상황은? 그때의 나의 모습은?

3. 자신의 한계를 방해하는 것이 아무것도 없었을 때의 자신의 모습은 어떠한가?

〈정리하기〉

1. 인용할 만한 말, 가장 기억에 남는 에피소드는 무엇이었는가?

2. 인터뷰 내용을 듣고 배울 수 있었거나 깨달았던 것이 있었다면?

3. 인터뷰 내용을 전체적으로 포괄할 수 있는 말은 무엇인가?

부록

03 [활동]이미지 게임

이미지를 표현하는 형용사 목록

1. 느긋한 / 온화한 / 느린
2. 보수적인
3. 진보적인
4. 이상주의적인
5. 현실적인
6. 변덕스러운 / 감정변화가 심한
7. 일관성 있는 / 한결같은
8. 의존적인
9. 독립적인
10. 외향적인
11. 내성적인
12. 절제력 있는 / 참을성 있는

13. 꼼꼼한 / 빈틈없는 / 완벽주의인 / 엄격한 / 날카로운
14. 표현력 있는 / 창의적인 / 감성적인
15. 논쟁을 좋아하는 / 공격적인 / 경쟁심 강한
16. 신중한 / 차분한 / 진지한 / 성실한
17. 사려 깊은 / 겸손한 / 예의 바른 / 이해심 많은
18. 논리적인 / 체계적인 / 분석적인 / 차가운
19. 사람 좋은 / 솔직한 / 포용력 있는 / 따뜻한
20. 대담한 / 단호한 / 완고한 / 의지가 강한
21. 추진력 있는 / 리더십 있는 / 독립심 강한 / 고집 센
22. 수줍음 타는 / 잘 들어주는 / 순응하는
23. 상냥한 / 사교적인 / 친절한 / 놀기 좋아하는
24. 활기 있는 / 열정적인
25. 매력 있는 / 잘생긴예쁜 / 인기 있는 / 유머 있는

부록

04 [활동]지식공방전

토론주제					
근거	찬성		근거	반대	
	순위	평가 10점		순위	평가 10점
	1			1	
	2			2	
	3			3	
	4			4	
	5			5	
	6			6	
	7			7	
	8			8	
합계			합계		

학과 학년 학번 이름

부록

05 [활동]비상착륙 게임－1

비상물품 중에 남아있는 물품의 목록

1. 구급약품 한 상자
2. 사냥총 한 정과 50발의 탄약
3. 알코올 버너 하나와 2리터의 연료
4. 20리터 물이 들어 있는 물통 한 개
5. 접을 수 있는 삽 한 자루
6. 시계 한 개
7. 카메라 한 개
8. 들것 한 개
9. 2인용 텐트 두 개
10. 손전등 한 개
11. 계량 컵 한 개
12. 집광렌즈 한 개

13. 고무 구명보트 한 개
14. 이동용 무전기최대거리 50킬로미터
15. 천문지도 하나
16. 사각 설탕 100개

부록

06 [활동]비상착륙 게임－2

상황 설명서

△ 상황 1: 당신이 탄 전세 비행기가 폭풍 때문에 어쩔 수 없이 열대의 사막에 비상 착륙했다. 이 사막은 평화로운 국가의 영토에 속한다. 5명의 승무원은 부상을 당하지 않았다. 하지만 비행기는 더 이상 사용이할 수 없을 정도로 부서졌다. 상황을 검토해 본 결과 당신은 당신이 도움을 받을 수 있은 사람들이 사는 곳으로부터 약 70km 정도 떨어진 곳에 있다는 사실을 알았다.

△ 상황 2: 지금은 새벽 6시. 해가 막 떴고 폭풍도 지나갔다. 아직은 매우 추운 날씨다. 당신의 생존은 당신이 걸어서 그곳에 도달하는데 달렸다. 당신은 그곳까지 무사히 도달하기 위해서 꼭 필요한 것들만을 가지고 갈 수 있다.

부록

07 [활동]비상착륙 게임－3

비상착륙게임

순위	선정된 물품 목록	확보점수	이상적인 순위	총점
1				
2				
3				
4				
5				
6				
7				
BATNA				
그 밖에 확보된 물건				
합계				

부록

08 [활동]비상착륙 게임－4

이상적인 순위

아래는 비상상황에 필요한 물품의 이상적인 순위이다. 참고하면 좋을 듯하다.

1. 시계— 방향을 알게 해 줄 시계가 없이는 사막에서 길을 잃기 쉽다.
2. 무전기— 잘 사용하면 50킬로미터까지 미친다. 따라서 절반은 도움을 받은 셈이다.
3. 20리터의 물이 담긴 물통
4. 2인용 텐트 2개— 탈수 위험성 때문에 그늘이 필요하다.
5. 설탕 100개— 물과 함께 포도당 섭취가 근본적으로 생존 가능성을 높여준다.
6. 구급약품 상자— 누가 다쳤거나 아플 때 유용하다.
7. 버너와 2리터의 연료— 오아시스를 만났을 때, 그 물은 끓여야만 마실 수 있다.
8. 집광렌즈— 손쉽게 불을 만들 수 있다.
9. 손전등— 사막의 밤은 유난히 어둡다.
10. 계량컵— 물 마실 때 사용한다.
11. 들것— 극단적일 때 힘든 상태를 무조건 견딜 필요가 없다.

12. 천문지도— 나침반 역할을 하는 시계가 있게 불필요하지만, 그리 많은 자리를 차지하지 않는다.
13. 접을 수 있는 삽— 텐트 칠 때 사용한다.
14. 사냥총과 500발의 실탄— 평화로운 나라에서 그리고 사막에서 사냥할 짐승이 있을까? 신호용으로 사냥총을 들고 다니기에는 무겁지 않을까?
15. 구명보트— 뒤집어 놓은 보트 위에 앉은 것이 맨땅에 앉는 것보다 편하다.
16. 카메라— 기념사진이나 증거를 남기려다 목숨을 잃을 수도 있다.

『새로운 민주시민교육 방법』206~211쪽 참조, 송창석 지음, 백산서당(2001) 펴냄

부록

09 [활동]정책토론

토론대회 심사표

	긍정 첫 토론자 명	두 번째 토론자 명	세 번째 토론자 명		부정 첫 토론자 명	두 번째 토론자 명	세 번째 토론자 명
입론				입론			
교차조사				교차조사			
반증				반증			
평가이유				평가이유			
개별점수				개별점수			
총점				총점			

심사결과: 승 심사위원:

부록 2

추천도서

부록

01 자아와의 소통

1. 사람 풍경

이 책은 소설가인 김형경이 정신분석을 받고 나서, 자신을 돌아보고자 홀로 여행을 하면서 쓴 심리치유 에세이이다. 사람이 가진 여러 가지 감정들을 여행하면서 보고 느꼈던 풍경과 함께 다루고 있다. 학술적 분석이 아니어서, 조금은 자유롭게 자신의 감정들을 여행하듯 둘러볼 수 있는 책이다.

김형경 지음(예담, 2006)

2. 링컨의 우울증

미국 역사상 위대한 정치가인 링컨은 지독한 우울증에 시달렸다고 한다. 숲으로 가 혼자서 몇 시간이고 서성였기 때문에, 마을 사람들은 링컨에게 무기가 될 만한 것을 손에 들지 않았는지 각별히 살펴보았다고 한다. 링컨이 일하다가도 갑자기 세상에서 가장 우울한 얼굴로 멍하니 있었다고도 한다. 하지만 링컨은 평생 우울증과 싸워나가면서 자신의 정치적 사명을 이뤄나갔다. 단점이라고 볼 수 있는 점을 딛고 일어나 자신의 에너지로 전환하는 눈물겨운 싸움이 생생하게 그려져 있다.

조슈아 울프 생크 지음, 이종인 옮김(랜덤하우스, 2009)

3. 샘에게 보내는 편지

심리학자 대니얼 고틀립이 자폐 진단을 받은 손자에게 남겨주는 인생의 교훈을 담은 책이다. 저자는 학습장애를 극복하고 정신과 전문의가 되었으나, 33세에 교통사고로 전신마비가 되었고, 사랑하는 아내와 이혼을 해야 하는 아픔을 가지고 있다. 그러나 그 과정에서도 역경을 이겨내고 삶의 의미를 찾을 수 있도록 힘을 주는 메시지를 우리에게 전달해 주고 있다.

> "샘, 상처를 입으면 널 사랑하는 사람 곁으로 가거라. 널 비난하지도, 섣불리 충고하지도 않는, 네 아픔을 함께해줄 사람 곁으로. 그런 사람 곁에 있으면 네가 어제 가졌던 것들에 대한 갈망은 줄어들고, 네가 오늘 가진 것들을 더 많이 누리게 될 것이다."

대니얼 고틀립 지음, 이문재, 김명희 옮김(문학동네, 2007)

4. 사랑의 기술

> "다른 사람에 대한 사랑과 우리 자신에 대한 사랑은 양자택일적인 것이 아니다. 반대로 자기 자신을 사랑하는 태도는 다른 사람을 사랑할 줄 아는 모든 사람에게서 발견될 것이다."

나를 사랑할 수 있다는 것은, 나와 타인의 구분을 뛰어넘어, 누구나 사랑을 할 수 있다는 것이라고 에리히 프롬은 말한다. 사랑에 대해서 다룬다고 해서 말랑말랑하고 달콤하지 않다. 오히려 시큼떨떠름한 느낌이 나는 사랑에 대한 깊은 고찰이 담겨 있다. 사랑을 통해 여러 근본적인 관계에 대해 다룬 이 책은, 나의 사랑 능력을 되돌아보고 싶을 때, 머리를 쥐어 뜯으면서(?) 사랑에 대해 연구해 보고 싶을 때 읽어보면 좋다.

에리히 프롬 지음, 황문수 옮김(문예출판사, 2006)

5. 뼛속까지 내려가서 써라

> "자신이 사랑하는 일에 믿음을 갖고 계속해서 밀고 나갈 때만이, 그 일이 자신이 가야 할 길로 이끌어주는 법이지."

이 책은 글쓰기 책이다. 하지만 글을 쓰는 기술이 아니라, 자신에게 솔직해지는 방법에 대해 쓴 글이기도 하다. 작가는 안정적이지 않지만, 사랑하는 직업을 갖고서 얼마나 치열하게 살아왔는지를 기록해 놓았다. 자신과 만날 수 있는 소통 방식인 글쓰기에 대한 것뿐 아니라, 인생담 이야기하기를 통해 자신의 꿈을 어떻게 명확히 할 수 있는지, 그것을 어떻게 삶 속에서 실천할 수 있는지를 중점적으로 읽어보면 좋을 것이다.

나탈리 골드버그 지음, 권진욱 옮김(한문화, 2005)

02 갈등 대화

1. 비폭력 대화

이 책은 우리가 의식적이든 무의식적이든 일상적으로 사용하는 폭력적인 대화를 극복하는 방법에 대해 이야기한다. 우리가 얼마나 폭력적인 대화 방법을 스스럼없이 사용하고 있는지를 밝히면서, 비폭력 대화가 우리 사회와 각 개인을 어떻게 바꿀 수 있는지 이야기한다. 비폭력 대화로 원만한 대인관계에 대한 내면의 힘을 키울 수 있다. 이를 위해 쉽게 일상에 적용하여 실천할 수 있는 소통의 방법을 제시하는 책이다. 이 책에서 우리가 하는 말이 어떻게 서로의 관계를 돈독하게 하고, 신뢰를 구축하고, 갈등을 예방하고, 아픔을 치유할 수 있는 지 발견할 수 있다. 마셜 B. 로젠버그 지음, 캐서린 한 옮김(한국NVC센터, 2011 개정판)

2. 나를 바꾸는 심리학의 지혜, 프레임

우리가 흔히 하는 착각, 생각의 오류, 오만과 편견, 실수와 오해가 이 '프레임'에 의해 생겨난다는 점을 자세히 설명한다. 아울러 일반인들이 이런 한계에 갇혀 있게 되는 심리적인 이유와 함께 그 한계를 깨는 방법을 구체적으로 이야기한다. 무엇보다 프레임이라는 심리학적 주제를 일상생활의 눈에 보이는 실천방안으로 풀어낸 점이 특징이다. 특히 심리학에 기반을 두어 '세상을 바라보는 마음의 창'을 의미하는 프레임을 어떤 문제를 바라보는 관점, 세상을 관조하는 사고방식, 세상에 대한 비유, 사람들에 대한 고정관념 등으로 해석하며 '자신의 한계를 깨는 마음 경영법'을 이야기하는 점이 재미있다. 최인철 지음(21세기북스, 2011 개정판)

3. 내 아이를 위한 감정코칭

IQ가 높은 아이보다 EQ가 높은 지혜로운 아이가 행복하고 성공한다는 것이 이미 밝혀졌다. 정서 지능(Emotional Intelligence)이란 아이가 자신의 감정과 충동을 절제하고 통제하며, 타인들의 감정에 대해 예민하게 느끼고 인내심을 지속시키며 자신의 마음을 통제할 수 있는 능력이다. 감정을 정확하게 읽어내고 감정적인 표현이 풍부한 아이가 정서 지능이 높은 아이다. 이처럼 내 아이가 행복하고 성공적인 삶을 살게 하는 정서 지능은 '감정코칭'에 의해 길러진다. 자녀양육, 아동교육뿐만 아니라, 일반인 누구나 적용 가능한 감정코칭 대화법들이 소개된 책이다.

존 가트맨, 최성애, 조벽 지음(한국경제신문사, 2011)

4. 아직도 가야 할 길

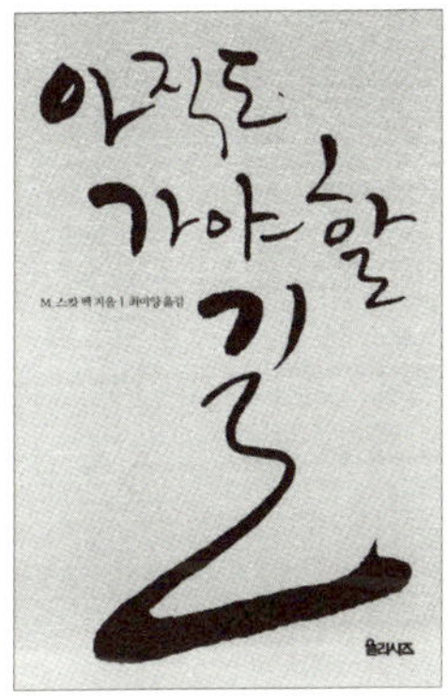

이 책은 삶에서 마주치는 고통과 정면으로 맞서고 그것을 극복해나가는 데 필요한 '자기훈육법'을 일깨워준다. 건강한 삶을 위해 우리가 겪는 일생의 여러 고통과 감정들에 대해 명쾌하게 분석해 놓은 책이다. 삶이란 개인의 선택과 결정의 연속임을 강조하며, 이를 완전히 받아들이게 될 때 자유로워진다고 조언한다. '사랑, 전통적 가치, 성장'에 대한 새로운 심리학적 접근을 통찰력 있게 보여주면서, 삶에서 마주치는 고통에 대해 성찰할 수 있는 다양한 방법들을 소개하고 있다.

모건 스콧 펙 지음, 최미양 옮김(율리시즈, 2011)

5. 자기혁명

저자의 치열했던 고뇌의 기록인 동시에, 청년들과 나눈 소통의 흔적이며, 함께 노력하겠다는 의지를 보여주는 책이다. 자아인식, 사회비판, 책읽기, 글쓰기 등 다양한 주제를 아우르는 이 책은 자신과 사회의 미래를 고민하는 이들에게 어떻게 대화하고 소통하는지에 대한 심도 있는 논의들을 하고 있다. 특히, 청년은 세상을 어떻게 읽고 소통해야 하는지, 청년은 자기 성장을 위해 어떤 노력을 해야 하는지, 지금 자기 삶의 주인으로 살고 있는지 등에 대한 고뇌와 시행착오의 기록들이 인상적이다.

박경철 지음(리더스북, 2011)

03 스피치

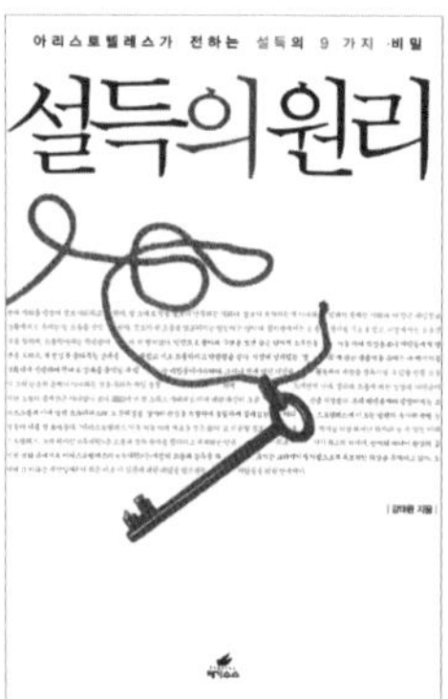

1. 설득의 원리

역사상 가장 뛰어난 학자 중 한 명으로 꼽히는 아리스토텔레스는『수사학』을 통해 인류 최초이자 최고로 말을 통한 소통과 설득분야를 정리하고 체계화했다. 이 책은『수사학』을 현대 커뮤니케이션학적 관점에서 다양한 예시와 더불어 이해와 체득이 쉽게 재구성했다. 효과적인 설득을 위한 '3-3-3원리'라는 관점에서 에토스·파토스·로고스라는 세 가지 설득수단과 숙의적·과시적·사법적인 세 가지 장르, 아이디어 착상법·표현법·배열법으로 정리되는 메시지 구성법 등 9가지 키워드로 풀이했다. 현대 스피치 커뮤니케이션학의 원류인 설득의 고전을 쉽게 읽고 이해할 수 있도록 이끌어준다.

강태완 지음(페가수스, 2010)

2. 카이로스

카이로스(Kairos)는 고대 수사학에서 쓰인 '설득하기에 완벽한 기회를 포착하는 능력'을 뜻한다. 이 책은 수사학 이론을 활용하여 이러한 기회를 포착하는 방법과 전략을 제시한다. 공격, 방어, 의견 일치 등 실제 설득의 단계에 따라 구성된 이 책에서 저자는 로고스·에토스·파토스와 올바른 시제 사용법, 생략삼단논법 등을 자신의 경험담과 애니메이션, 영화, 드라마, 역대 정치인의 연설 등 실생활에 바로 적용할 수 있는 사례를 통해 재미있게 풀어내고 있다.

제이 하인리히 지음, 하윤숙 옮김(8.0, 2010)

3. 스피치 커뮤니케이션

서양의 스피치 커뮤니케이션 이론을 우리의 소통문화에 접목시켜 스피치의 원리와 실전기법을 체계적으로 정리한 책이다. 각종 연설, 프리젠테이션, 강연, 토론, 회의 등 다양한 스피치에 대한 이론적 원리를 기초로 준비절차와 실행방식을 제시하고 실전 예시와 사례를 제공하고 있다. 손쉽게 사용할 수 있는 단편적인 기법과 지령을 제시하는 시중의 말하기 실용서들과는 달리 스피치 커뮤니케이션 이론과 원리를 중심으로 그 실제적 활용에 중점을 두고 있다는 것이 이 책의 강점이다.

임태섭 지음(커뮤니케이션북스, 2010)

4. 몸짓언어 완벽 가이드

스피치 커뮤니케이션학의 유명한 연구결과 중 하나인 '매러비안의 법칙'은 말로 의사를 전달할 때 언어(내용)가 차지하는 비율은 단지 7퍼센트에 불과하다고 한다. 나머지 93퍼센트가 비언어적 요소로 이루어진다는 것이다. 다시 말해 말을 잘하는 사람이 되려면 비언어적인 표현을 잘 쓰고 이해할 줄 알아야 한다는 것이다. 이 책의 저자 킨제이 고먼은 이러한 기술이 경쟁적인 비즈니스 세계에서뿐만 아니라, 교사나 의사와 같이 타인의 신뢰가 중요한 직업들, 그리고 연인과 가족 관계와 같은 일상의 영역에서 특히 중요하다고 강조한다. 그리고 몸짓, 표정, 시선, 손과 발의 움직임, 신체 접촉, 공간 활용 등의 신체언어를 해석하고 활용하는 방법을 다양한 사진과 삽화, 실제 사례들을 곁들여 설명하고 있다.

캐럴 킨제이 고먼 지음, 이양원 옮김(날다, 2011)

5. 스피치의 기술

많은 사람 앞에서 말할 때 갑자기 심장이 뛰고 얼굴이 붉어져 어색한 행동을 하게 되고 머릿속이 하얘지는 경험을 누구나 한 번쯤을 해본 적이 있을 것이다. 저자는 이런 무대 공포의 원인은 심리적 요인에 의한 자신감 상실이라고 지적하고, 불안감을 관리하는 심리적 훈련법을 제시하고 있다. 불안함을 유발하는 요인을 찾아내고, 그 요인을 분석하고, 최악의 상황을 상정하여 그것을 극복하고 대안을 찾는 과정을 33개의 실전연습을 통해 스스로 찾아갈 수 있게 도와준다. 이 책을 끝까지 읽어가면서 주어진 과제를 해결하다 보면 사람들 앞에 설 때마다 자신을 괴롭혔던 것이 무엇이었는지, 그것에 어떻게 대응해야 할 것인지 해답을 구할 수 있을 것이다.

피터 데스버그 지음, 이시훈·정의철 옮김(커뮤니케이션북스, 2005)

부록
04 사회와의 소통

1. 토론의 방법

토론의 전형이라 할 수 있는 '아카데미식 토론'에 대한 개념과 방식을 실례를 통해 소개하면서 생산성 있는 토론의 방향을 제시한 책. 논제에 대한 긍정과 부정, 혹은 찬성과 반대 양측을 분명하게 구분하고 이 양측이 일정한 형식과 절차에 따라 토론을 진행한다는 점을 특징으로 하는 아카데미식 토론을 바탕으로 토론의 역사, 구조, 형식, 평가, 수사의 기법 등 토론 전반에 대해 상세히 설명했다.

강태완 외 지음(커뮤니케이션북스, 2001)

2. 리더의 소통 전략

갈등 상황에서의 소통에서 흔히 강조되는 경청, 공감 등의 단편적인 기술을 넘어서는 전략적인 마인드와 방법론을 강조하는 책이다. 전략적인 소통 능력을 갖추려면 학습이 필요하다고 말한다. 따라서 대안적으로 '갈등코칭'을 새로운 방법론으로 제안하고 있다. '갈등코칭'은 당사자가 갈등 상대방의 동의 여부와 상관없이 전문가의 도움을 받으며 합리적인 갈등해결의 틀 안에서 자신의 이해관계를 달성하는 방법이다. 이를 통해 결코 화해할 수 없는 것처럼 보이는 갈등도 갈등의 당사자 모두가 만족하는 윈윈(WIN–WIN)의 방법으로 해결될 수 있다는 사실을 다양한 사례를 통해 일깨워준다.

트리샤 S. 존스·로스 브린커트 지음, 전형준·김학린 옮김(지식노마드, 2012)

3. 갈등종결자

일상생활에서 겪게 되는 다양한 갈등의 예를 보여주고 이에 대한 해소법을 정리했다. 갈등은 부정적이란 일반적 시각을 바꾸고, 갈등을 다룰 때 알아야 할 기본 원칙과 요소를 정리했다. 고차원적이거나 복잡한 갈등은 다루지 않아 단편적이라는 단점은 있지만, 대인 갈등을 처음 배우는 사람들은 쉽고 재미있게 읽힌다.

더들리 위크스 지음, 남궁은정·이현정 옮김(커뮤니케이션북스, 2011)

4. 듣기

듣기는 단순히 소리를 듣는 것이 아니라 커뮤니케이션의 맥락에 대한 이해와 비언어적 메시지에 대한 간파까지 포함한다. 시무룩한 얼굴, 화려한 복장, 빠른 어투, 자신감 있는 주장, 이러한 메시지도 우리가 '들어야 할' 내용이다. 잘 들으려면 청취(Hearing), 이해(Understanding), 기억(Remembering), 해석(Interpreting), 평가(Evaluating), 반응(Responding) 등 일련의 과정(HURIER 모델)이 원활하게 이루어져야 한다. 이 점에서 출발한 이 책은 1부 듣기에 대한 개론적 논의, 2부, HURIER 모델과 관련된 듣기의 원칙과 기술, 3부, 관계 형성을 위한 반응과 다양한 환경에서의 효율적인 듣기 방법을 소개한다.

주디 브라운넬 지음, 한주리·이시훈 옮김(커뮤니케이션북스, 2007)

5. 설득의 논리학

자신의 말과 글을 단련하여 설득의 무기로 사용할 수 있게 도와주는 도구로서 논리학을 제시한다. 소크라테스의 예증법부터 셜록 홈스의 가추법까지 '논리적으로' 사고하기, 말하기, 글쓰기를 단련하는 논리도구들을 구체적으로 소개하고 있다. 위대한 지성과 고전에서 찾아낸 설득의 비법인 10가지 논리도구를 통해 논리를 꿰뚫어보는 훈련과 자신의 논리를 날카롭게 하는 훈련을 하면서, 설득력 있는 말하기와 글쓰기 능력을 자연스럽게 향상시킬 수 있도록 구성하였다. 또한 광고나 논술문, 보고서, 프레젠테이션 등 우리가 주변에서 쉽게 접할 수 있는 예들을 통해서 논리학을 설득의 도구로, 합리적인 사고력으로 활용하는 실질적인 방법을 제시하고 있다.

김용규 지음(웅진지식하우스, 2007)